Palabras de fuego y lágrimas

I0474531

NA-108/15

DEDICATORIA

Dedico este libro a mi padre, por todo lo que me enseñó y lo que no le dio tiempo a enseñarme, a Pilar, mi primera musa y mi amiga, a Blanca Esther, quien ha sido mi compañera de vida durante dieciséis años y quien ha servido de inspiración para muchos de los poemas que aquí están reflejados.

Sobre todo dedico el libro a mis queridos hijos Gabriel, Raquel y Miguel Ángel, que son los tres ángeles que me han ayudado a encontrar la senda de mi evolución y a los que amo más que a mi propia vida.

Y por último, también te lo dedico a ti, lector desconocido, con la esperanza de que algunas de las palabras que contiene el libro resuenen en tu corazón y puedan servirte de ayuda.

Palabras de fuego y lágrimas

<u>AGRADECIMIENTOS</u>

Doy las gracias de todo corazón a todas las personas que han hecho posible la escritura de estas palabras, personas que sin saber o sabiéndolo han contribuido con sus palabras o sus actos para que yo pudiera manifestar cada estado de ánimo que en este libro está reflejado.

También doy las gracias a la vida por las circunstancias y acontecimientos que me ha puesto delante para encontrarme a mí mismo y superar las adversidades con las que me he encontrado y que me sigo encontrando día tras día.

© Copyright Pablo Rubio Canelada
NA-108/15

Palabras de fuego y lágrimas

Índice

Palabras de fuego y lágrimas

Prólogo

Querido lector:

Te encuentras ante una obra que ha tardado en ver la luz algo más de 28 años, tiempo en el que como a todas las personas, le suceden acontecimientos y vivencias de los cuales algunas salen fortalecidas y otras tristemente se quedan por el camino.

En este libro he manifestado muchas de esas vivencias y vicisitudes de la vida que de una manera u otra han marcado mi existencia. Hay palabras de desesperanza, de deseos de morir, de desamor y de infortunio, pero también las hay de amor, de vivencias espirituales, de amistad y de dulzura. Por tanto coge aquellas que te puedan servir para tu propio crecimiento, sabiendo que también hay personas que han pasado por lo que tú, en este momento, quizás estés pasando.

Muchísimas gracias por tu lectura y deseo de todo corazón que pueda servirte de ayuda.

NA-108/15

CAPÍTULO I:
ESTADÍO
MILITAR

NA-108/15

SOLEDAD

Encerrado aquí,

otra semana más

sin poderte ver.

El tiempo te echa a perder

pero, mi amor por ti,

ya lo tienes que saber,

espera el sí

para poderte tener.

Otra semana sin salir

pero, me queda el consuelo

de pensar en ti

y te quiero conseguir.

No hago más que suspirar

porque no te puedo abrazar

sigo enamorado de ti

pero, no sé si tú de mí.

NA-108/15

TRABAJO

Aquí en la oficina
se trabaja con desgana,
dando fuerte a las teclas
aunque de muy mala gana.
Solo se piensa en salir
pero, los mandos
no te quieren ni oír.
Solo quieren que trabajes,
hasta reventar si es preciso,
pero que el escrito acabes
pronto, rápido y conciso.
Solo piensan en ellos,
dando las cinco se van,
pero, a ti escritos te dan
para no dejar de trabajar.
Ellos nunca se equivocan,
son infalibles, pero a ti
por un error
te chillan a la menor.
No sé qué más contar
pues no haces sino currar.

Palabras de fuego y lágrimas

MILI

En la vida de soldado
hay que ir con cuidado,
porque si no haces caso
te quedas aquí encerrado.
No hay que pensar
en lo que queda,
sino en pasarlo
lo mejor que se pueda.
Si te tienes que quedar
no te debes apenar,
esto es una etapa
que hay que superar.
Lo mejor es obedecer y callar
y así con todos
bien te has de llevar.
Hay veces en que lloras
de ver tanta desigualdad,
sobre todo cuando moras
en una gran hermandad.
Y ya para terminar
os voy a contar:
la mili no es un placer
pero, debes obedecer.

NA-108/15

Palabras de fuego y lágrimas

AL MALAGUEÑO

En otra circunstancia
no te hubiera conocido,
pero, hoy en la distancia
mi cariño has recibido.
De Málaga tú viniste,
en la mili me conociste
y al primer instante
tu confianza me diste.
Me brindaste tu amistad
y hoy veo con claridad
tu momento de marchar.
Eres buena persona,
siempre dispuesto a dar,
nunca pides nada,
dispuesto siempre a perdonar,
pero, pronto has de marchar,
seguro que he de llorar.

NAVIDAD

Cuando llega navidad,

todos estamos contentos,

esperando con aliento

la gran festividad.

Con ternura y amistad

esperamos tu venida,

con los brazos bien abiertos

¡oh! gloriosa navidad.

Lentos pasan los días,

pero, pasan, pasan, pasan

y se ven las alegrías.

Hoy os quiero desear

una feliz navidad.

BLANCA AMISTAD

Blanca te volviste,
blanca como la pureza
que en el amor,
inspira belleza.
Blanca como una paloma
que, libre vuela sin saber
que rumbo toma.
Así mi amor te doy
y aunque cansado estoy
ya de tanto esperar,
me consuelo en pensar
que la mili he de acabar.
Blanca es la pureza
y mi amor camina
hacia tu singular belleza.
Espero y desespero pues,
mi corazón entregarte quiero.

NA-108/15

NECESIDAD

Otra semana aquí,
aguantando sin cesar,
fingiendo estar alegre,
sabiendo que no es verdad.
Cada día estoy peor,
no me acostumbro a estar
con falta de libertad.
Siempre hago lo mismo,
todos los días igual,
encerrándome en mí mismo
con soledad y mal.
Con vosotros estoy bien,
con vosotros mis amigos,
con los que me quieren bien
no con los que no son amigos.
Aquí no hay amigos
sino sólo compañeros
y me siento utilizado,
aplastado y engañado.

FUTURO

Tanto trabajar,

tanta vida militar

que pronto ha de acabar.

Deseando que el tiempo pase

cuanto antes mejor

para hacer lo que me gusta

y poner todo mi amor.

Luego miraré atrás

y tú me recordarás

el duro y pesado año

de vida militar.

Cuando lea estos versos

nostalgia he de sentir,

mi vida estará fijada

espero que junto a ti.

Dentro de unos años,

ya en plena madurez,

volveré a releer

estas viejas poesías

con toda sencillez.

14

Palabras de fuego y lágrimas

CASI FINAL

Poco queda ya
de la vida militar,
lejos queda ya
el momento de ansiedad.
Aquí un día me trajeron
sin saber cómo y por qué,
ya ha pasado mucho tiempo
y hasta ahora aguanté.
Aquí lo pasé fatal,
aquí medio lo superé,
aquí espero con ansia
el poder decir: terminé.
Los días pasan lentos,
las horas se hacen pesadas,
ya casi sin aliento
el punto de llegada.
Atrás quedan ya
sufrimientos y pasiones,
que la vida también da
el deseo y decisiones.

CAPÍTULO II:

SOLEDAD Y

MELANCOLÍA

NA-108/15

Palabras de fuego y lágrimas

TIEMPO

No me acostumbro,

no lo soporto,

intento aceptarlo

mas no lo aguanto.

Te espero con ansiedad

e incluso con impaciencia,

creo oírte llegar,

introducir la llave en la puerta.

Aún hoy con el tiempo,

más de un año dolido,

te recuerdo como siempre,

algo inquieto y aturdido.

Mas no se te puede olvidar,

más de un año hace ya,

un año que te marchaste

para no volver jamás.

Muchas cosas han pasado

y otras pasarán,

en mucho hemos sufrido,

tú nos ayudarás.

Como ya manifesté

no nos puedes abandonar.

SENTADO Y SOLO

Sentado, solo, olvidado
de quién o de qué no importa,
quizá no lo haya pensado
pero algo es lo que exhorta.

Es algo, no sé qué es
quizá un sentimiento
o la locura tal vez.

Quizá sea el destino
que viene a burlarse otra vez,
otra vez a enamorarme
para desencantarme después.

No sé por qué
siempre me pasa lo mismo,
me enamoro enseguida
y el palo me deja herida.

No quiero enamorarme,
tengo miedo de hundirme
y no poder recuperarme.

NA-108/15

EN ESPERA

En espera de un amor
paso mi vida entera,
un amor que sin dolor
llenar mi vida quiera.
Por ese amor en olvido
late mi corazón herido,
por el fracaso afligido
de no haberse conseguido.
El destino se ha reído,
más también así cupido,
dios del amor elegido,
ciego, alado y retorcido.
Esta suerte desdichada
para mí no trajo amada,
si no seré correspondido
surge un por qué lo pido.
Mi corazón he de encerrar
para que no vuelvan a llamar,
pero siempre abro la puerta
y la dejo siempre abierta.

CUANDO ME ENAMORO

Cuando me enamoro
calor entra en mi pecho,
ardiente con decoro,
pasión turbia mi lecho.

Un sentimiento noble,
para contar quizás
a un amigo amable
que lo quiera escuchar.

Cuando me enamoro
vence mi corazón
aunque mi mente dice no.
la mente no quiere padecer,
se rebela eternamente
a la que el corazón ha de querer.

Ella siempre se defiende
del daño a ocasionar,
él siempre se ofende
aunque fácil ha de ganar.

VIDA AMARGA

Hoy quisiera morir
¿qué fin tiene la vida?
si hay un porvenir
es callejón sin salida.
No hay meta donde llegar,
no hay camino a recorrer,
no hay puerta que cruzar,
no hay nadie para querer.
Nací con mala estrella,
predestinado a sufrir,
condenado sin ella
a amar sin recibir.
Si tengo que estar solo
no quiero enamorarme,
no quiero ilusionarme,
amar de ningún modo.
Me acostumbraré a la soledad,
a perder y a callar,
sin nadie a quien contar
mis problemas de verdad.

NA-108/15

Palabras de fuego y lágrimas

BUSCANDO UN AMOR

¿Quién se enamorará
de alguien como yo?
¿Quién a mi lado vendrá
sin decir contigo no?
Necesito ser amado
correspondido también,
te necesito a mi lado,
mas la pregunta es quién.
Ese alguien que me quiera
tendrá que ser conocido,
que si es extraña que fuera
muy fácil será el olvido.
A lo mejor me equivoco
y surge un amor rápido,
quizá el tiempo sea poco
quizá no tan rápido.
Ojalá llegara ya
ojalá mañana mismo,
pero todo ocurrirá
te lo dice el optimismo.

¿VIVIR?

Mi alma se desvanece

envuelta en blanco humo,

la vida nada ofrece

a nadie y a ninguno.

Te dicen con ironía:

sonríe, bella es la vida,

vive que son dos días,

ama, perdona y olvida.

¿Qué te ofrece el vivir?

pasiones y sufrimientos,

¿qué te ofrece el morir?

la salida de lamentos.

Una oscura y negra puerta

es la muerte inevitable,

que con su mano yerta

avanza irrefutable.

Ya no sé qué es lo mejor,

si la vida o la muerte,

en lo primero hay dolor,

en lo segundo ¿la suerte?

A TI

A ti, señora de oscuro,
ama de los presentes,
dueña de lo futuro,
pánico de las mentes.
A ti acudo consciente
del riesgo que encadenas,
a ti imploro vehemente
la presencia que enajenas.
¡Tú, la enviada real
del señor del universo!,
¡tú, la amante leal
del eterno sueño inmerso!
Pídele a tu señor
que te envíe a recogerme,
pídeselo por favor
que no quiero entretenerme.
Cubra tu velo mi sueño,
llene tu sombra mi luz,
sea tu manto mi dueño,
selle tu mano mi cruz.

SOLEDAD PURA

Soledad confusa y triste
que ahogas mi sufrimiento,
ves, verás y viste
aplacar mi pensamiento.
Dentro de tu morada,
en la que habitas dormida,
mantienes tu posada
pura, oscura y afligida.
Sin querer manifestar
el tormento o el talante,
o sin poder intentar
ponerte mismo delante.
Eres pensar de angustia,
eres flor de entendimiento,
eres la brisa mustia,
eres cruz de mi lamento.
Eres fuente inspiradora
de la eterna consciencia,
eres luz instigadora
de la tardía paciencia.

INTERIOR

Cuando la soledad atormenta,

el deseo encadena,

la vida corre lenta

y la pasión desenfrena,

Cuando la luz torna oscuro,

la alegría tristeza,

en un momento de apuro

muestra tu entereza.

Piensa en positivo,

con la mirada objetiva,

piensa en un motivo

de maravilla viva.

Sé paciente y optimista,

todo tiene su momento,

sé un buen deportista,

no caigas en lamento.

Procura no pensar

en tu desdicha de amor,

procura mirar

al fondo, a tu interior.

CAPÍTULO III:

AMOR Y

DESAMOR

NA-108/15

NUEVO AMOR

Fuerte entraste,

entraste fuerte

y aunque la pena me ahoga

te recuerdo a toda hora.

Creo estar enamorado,

ya que, en poco tiempo

mi corazón has conquistado.

Sin ti ya no sé estar

y no hago más que pensar

en tu persona: Pilar.

No sales de mi mente,

te necesito intensamente.

Surgió amor al primer instante

y ahora espero ser tu amante.

NA-108/15

AMOR RÁPIDO

Como el viento llegaste,
apareciste sin querer,
poco tiempo estuviste,
pronto has de volver.
No puedo dejar de quererte,
no puedo dejar de amarte,
sólo quiero complacerte
y para nada olvidarte.
No sé tú qué dirás
pero pronto volverás
y creo que me querrás.
No te olvido,
ni olvidarte podré,
ten por seguro
que en un tiempo te querré.
Tengo ganas de verte
para sentir lo que es
de nuevo conocerte.

NA-108/15

SENTIMIENTOS

Dices que me recuerdas,

yo a ti cada vez más,

no sé por qué será,

pura y llanamente amistad.

Por primera vez

se preocupan de mí,

me siento querer

y sigo pensando en ti, en ti.

No puedo dejar de pensar

en dos y los demás

y eso me hace quemar.

Estoy solo en este lugar,

pero ya me queda poco

y tengo que aguantar.

Es malo estar enamorado

y estar aquí alejado

pues todo se hace pesado.

ANSIEDAD

Solo, melancólico y afligido,
sentado, pensativo y decidido,
escribo esta poesía porque
estoy un poco hundido.
No tengo ideas claras,
sólo pienso en una cosa,
aunque un poco raras,
en volver a verte hermosa.
Quizá pueda olvidarte,
depende todo de ti,
no quisiera echarte
a menos que lo quieras así.
Lo peor que puede pasar
es estar solo en este sitio,
enamorado y sin poderte abrazar.
Quizá necesite ayuda
de alguien en especial,
quizá en gran mesura
de quien no me quiera mal.

NA-108/15

LLEGARÁS

Quisiera poder decirte

que te quiero sin querer,

quisiera poder amarte,

tenerte sin perder.

Un día serás mía,

a mí te entregarás,

a mí me dirás te quiero,

yo no pediré más.

Solo quiero que me quieras

como yo te quiero a ti,

que me digas si de veras

quieres estar junto a mí.

Contigo el tiempo vuela

como en el mar con la brisa,

un alegre barco de vela.

¡Qué corto se hace el tiempo

que me tienes abrazado!

¡Qué larga la agonía

cuando no estoy a tu lado!

POSIBLE VUELTA

El día que me dejaste

me pillaste por sorpresa,

de tu lado me echaste

pues tenías otra presa.

Después del tiempo pasado,

lejos de tu lado vivo,

aún no te he olvidado,

tu huella no se ha perdido.

De ti me enamoré,

tarde y sin querer,

a ti te olvidaré,

a ti no he de volver.

Algún día pensarás

qué fue lo que hiciste conmigo

y entonces volverás

a pedir mi amor contigo.

Cuando ese día llegue

no me mires a los ojos,

que quizá en ellos legue

mi sufrimiento y congojos.

NA-108/15

DESDICHADO ADIÓS

Sentado estoy recordando
los días de amor contigo,
mi alma sigue llorando
por no haberte mantenido.

Me dijiste adiós un día
con lágrimas en los ojos,
aunque yo ya lo intuía
no te mostré mi enojo.

Pensabas que iba a enfadarme
aunque sabías que no,
contigo quería quedarme,
tu respuesta fue otro no.

Te sigo echando de menos
en estos momentos oscuros,
aunque te recuerdo al menos
en este tiempo inseguro.

Tu adiós sigue pinchando
en lo más hondo de mí,
mi mente sigue luchando
para olvidarse de ti.

NA-108/15

Palabras de fuego y lágrimas

<u>CONTIGO</u>

Contigo viví un amor
breve, corto y aturdido,
de antemano perdido
por un gran y tonto error.
¡Ojalá no te hubiera conocido!
pues no me habría enamorado
de tu cuerpo tan lucido,
de tu rostro tan rosado.
Hoy debo desenamorarme
de un amor ya perdido,
hoy debo desencantarme
de los recuerdos vividos.
Mas hoy es imposible
deshacer lo acontecido,
pero hoy sí que es posible
olvidar ya lo ocurrido.
Entre tú y yo hay algo
que lo llaman amistad,
para eso sí que valgo
tú bien sabes que es verdad.

OTRA VEZ

Hoy siento mi corazón

latir con desenfreno,

hoy no tengo razón,

de ti me siento lleno.

Sumido en lucha interna

de lo antes ocurrido,

por un error consentido,

por un amor perseguido.

Me debato en un mar

de dudas y de pasiones,

pues no quiero quebrar

así las relaciones.

Es posible que me quieras,

eso tú lo sabrás,

pero no me lo dirás

aunque es lo que debieras.

Seguiremos siendo amigos,

ojalá seamos más

ahora bien te digo

eso tú decidirás.

NA-108/15

CÓMO CONSEGUIRTE

No sé qué hacer
para a mi lado tenerte,
Qué pensar, qué establecer
para intentar no perderte.
no quiero que te vayas
de mi lado otra vez,
no sin que antes hayas
recapacitado por ver.
Bien sabes que te quiero,
olvidarte de qué,
bien sabes que te espero,
después de años ya ves.
Me gustaría intentar
formar pareja contigo,
tus manos quizá enlazar
con las mías de testigo.
Quizá pueda besar
tus labios algún día,
solo cabe esperar
que decidas todavía.

NA-108/15

CARICIAS

Si me acaricias siento
mis mejillas sonrojar,
con mis manos tiento
tus labios sin hablar.
Es un juego de caricias
el lenguaje de las manos,
la expresión de las delicias
el placer de los humanos.
Mis dedos se entrelazan
en tu cabello ondulado,
los tuyos se deslizan
por mi rostro acalorado.
De tus labios ardientes
surgen suaves besos,
depositados fervientes
en mis labios inmersos.
El suave y dulce roce
de unos labios deseados
representa el mayor goce
de un amor apasionado.

Palabras de fuego y lágrimas

SIN TI

Apenas puedo respirar,

me ahogo con tu ausencia,

no dejo de pensar,

desdichada conciencia.

En ti pienso sin parar,

ocupas todo mi tiempo,

contigo quiero estar,

contigo como el viento.

Quiero verte sonreír

complacerte en tus deseos,

a tu lado convivir,

que el amor vele tu seo.

Sin ti estoy perdido,

sumido en la inquietud,

vacío y perseguido

por tu recuerdo sin luz.

Me abrazo a ti con fuerza,

sumergido en un sueño,

donde tengo la certeza

de que parezco tu dueño.

NA-108/15

<u>TIMIDEZ</u>

¡Qué difícil es decir
un te quiero cara a cara!
¡qué dulce es el oír
esa palabra tan rara!
A tu lado no me atrevo
a abrir mi corazón,
aunque sí sé que debo
atender a la razón.
Ella me manda callar
todo lo que siento,
ella me manda aplacar
todo este sentimiento.
Mas yo sé que tú lo sabes,
que sabes que te quiero,
no me encierres en tus naves
que sin duda yo ahí muero.
Cuando me encuentre contigo
muy nervioso me verás,
por ver si te lo digo,
que te quiero de verdad.

NA-108/15

QUISIERA SER

Quisiera ser un ave
para volar a tu lado,
quisiera ser la nave
que facilita el traslado.
Quisiera ser el vestido
que te pones cada día,
quisiera ser escogido
para hacerte compañía.
Quisiera ser la fragancia
que te embriaga de frescura,
quisiera ser la elegancia
de tu porte y tu soltura.
Quisiera ser parte de ti
como de mí mismo,
quisiera ser así,
pero ya me da lo mismo.
Hubiera querido ser
el beso del adiós,
hubiera querido perecer
en tus brazos por amor.

NA-108/15

RENUNCIA

¡Qué difícil resulta
sentirte y no verte!
¡qué duro es el pensar
en tener que perderte!
Pero debo desistir
de intentar estar contigo
y debo decidir
perderte en el olvido.
¡Ojalá pudiera hacer ver
que ya no te quiero,
mostrarme indiferente!,
pero sigo en duelo
con tu presencia en mi mente.
Debo darme por vencido,
admitir que has ganado,
por tu amor me he perdido
en el deseo ajado.
Este adiós es definitivo,
si no cambias de opinión,
bien claro está el motivo
de mi dura decisión.

Palabras de fuego y lágrimas

FLECHA DORADA

Oye el verso de un perdido
que se encuentra enamorado,
oye el canto del olvido
de un destino consumado.
A la flecha envenenada
le debo el desatino,
que con la punta dorada
te cruzó en mi camino.
A ese angelito ciego
le debo el infortunio
de un corazón de fuego
que te busca en plenilunio.
Quisiera haber sido herido
por una flecha de bronce,
pues tu amor inadvertido
habría pasado entonces.
Pero muy a mi pesar
sigo estando enamorado
y prefiero no pensar
que Cupido se ha burlado.

NA-108/15

AMOR DESCONOCIDO

¡Cuánto quisiera encontrar
ese amor desconocido,
que me pudiera mostrar
ese camino escondido!
Todo es cuestión de paciencia,
todo es saber esperar,
pero muero de impaciencia
al no poderte encontrar.
Todo tiene su momento
de llegada y permanencia,
todo viene con el viento,
todo tiene su vigencia.
Pero es triste la espera,
es triste la soledad,
es triste que te viera
sin conocerte en verdad.
Pero, qué te voy a contar,
si quizás te pasa lo mismo,
será cuestión de buscar
con paciencia y optimismo.

Palabras de fuego y lágrimas

PERDÓNAME

Otra vez he fracasado,
otro intento fallido,
otra vez que se ha burlado
el angelito Cupido.
Perdona mi brusquedad,
mi repentina pregunta,
llevaba sinceridad
pero, no llevaba punta.
No quiero que te enfades
por esa tonta cuestión,
que por mi culpa nades
en un mar de incomprensión.
Sigamos siendo amigos,
por favor no me rechaces,
pues bien estaré contigo
cuando hagamos las paces.
Pero sigo enamorado
de ti en gran medida,
por ti sigo colgado,
es la historia de mi vida.

TE QUIERO

No sé cómo decirte,
cómo hablarte con soltura,
lo que quiero es abrirte
mi corazón con bravura.
Pero tengo que callarme,
hemos hablado muy poco,
aunque sé que el asomarme
a tus ojos es de loco.
Debo aplacar mi deseo
de sentirte y abrazarte
y es que ya no veo
el momento de dejarte.
Has entrado con dulzura,
has llenado mi vacío,
ahora veo mi cordura
desvanecerse en hastío.
No tengo más que decirte,
decirte con esmero,
no tengo más que pedirte
el poder decir te quiero.

PENA

Quizá pueda conformarme
con servir siempre de amigo,
quizá pueda consolarme
con servirte de testigo.
Pero ya no puedo más,
me resigno a perderte,
que me echarás quizás,
intentaré comprenderte.
Mi amargura se desboca,
mi corazón enloquece,
mi mente sufre y evoca
lo que en mi cuerpo adolece.
¿Cómo podré soportar
esta pena que me ahoga?
¿cómo podré abortar
esta idea que me boga?
Quizá no pensando en ti,
pero eso es imposible,
quizá dejarlo así,
será lo más plausible.

NA-108/15

Palabras de fuego y lágrimas

SUEÑOS

Me gusta mirarte,
abrazarte en silencio,
me gusta observarte
cuando me conciencio.
Sueño con tu sonrisa,
con tus ojos de luz,
de repente la prisa
despierta mi cruz.
Te imagino a mi lado
y sonrío feliz,
como si fuera tu hado,
maldito desliz.
Mis manos te buscan
en tu ausencia vacía,
mis sueños se ofuscan
en mi mente tardía.
Mis labios se empeñan
en pegarse a los tuyos,
si los dejo se adueñan
de lo que no es suyo.

FRENTE AL MAR

Mis ojos te buscan
en la inmensidad del mar,
mis oídos se ofuscan
al no poderte escuchar.
Mi mente sigue pensando,
intentando olvidar,
mis manos siguen buscando
tocarte sin descansar.
Estamos muy alejados,
eso sí que es verdad,
aun estando enamorados,
cruel y dura realidad.
Pronto volveré a verte,
a soñar sin esperar,
pronto querré tenerte
sin poderte dejar.

NA-108/15

OLVIDARTE

Con todo mi pesar
he de decirte adiós,
pues no puedo lograr
conseguir tu corazón.
Quizá un día quieras
tenerme a tu lado,
quizá si me vieras
te habría conquistado.
Mi vida quizá sea la tuya,
cuando tú lo decidas,
siempre que no huya
y siempre que lo pidas.
Te seguiré esperando,
por un tiempo al menos,
no dejes llorando
los corazones ajenos.
No me queda más remedio
que olvidarte sumiso,
quitarme de en medio
para que hagas tu guiso.

MI FLOR

Mi amada flor,

flor suave y ardiente,

flor que espera calor

de pasión insistente.

Eres suave, eres frágil,

eres ternura dorada,

eres locura ágil

que despierta mi mirada.

Eres parte de mi vida

sin haberlo consentido,

El recuerdo no se olvida

por haberse permitido.

Eres mi bien de esperanza,

mi fe en el futuro,

llevas porte de templanza,

un porte esbelto y duro.

Serás parte de olvido,

pues así lo has meditado,

de algo no consentido

a tu eterno enamorado.

NA-108/15

FANTASMA DE AMOR

Tu recuerdo me persigue,
tu mirada me turba,
es tu imagen que me sigue
sin poder dar la curva.
Son tus labios carmesí
los que me piden un beso,
son tus ojos en un sí
que me recuerdan en eso.
Eres tú que me lo pide,
o soy yo quien lo creo,
o es mi mente que mide
lo que en realidad no veo.
Es el fantasma de amor,
que vivimos los dos juntos,
que me dejó con dolor
por no conseguir puntos.
Es la vuelta a tu mirada,
la vuelta a la incomprensión,
la vuelta a ser mi amada,
vuelta a la desilusión.

Palabras de fuego y lágrimas

HUÍDA

Despacio me enamoré,

despacio me ilusioné,

en ti despacio lloré,

despacio te abandoné.

Cuando más alegre estaba,

más feliz en la vida,

me pegaste la patada

que significó la huida.

No quería enamorarme,

mas pudiste conmigo,

conseguiste devorarme,

casi hacerme tu enemigo.

No puedes imaginar

el daño que me hiciste,

no puedes adivinar

el dolor que produjiste.

Fuiste el primer amor,

el que nunca se olvida,

fuiste el gran dolor

al darte por perdida.

NA-108/15

FURIA

Hoy me siento furioso
por haberte vuelto a ver,
hoy vuelvo a estar lloroso
por volverte a perder.
¿Por qué no puedo olvidarte?
¿alejarte de mi mente?
¿por qué no puedo echarte
como agua a lo candente?
Quizá te sigo queriendo,
esperando tu llamada,
para poder seguir siendo
tu sonrisa acalorada.
Pero ya no volverás
a tenerme entre tus brazos,
puesto que no querrás
volver a unir los lazos.
Yo mientras espero,
otro amor me llenará,
él me dirá te quiero,
la herida se curará.

NA-108/15

Palabras de fuego y lágrimas

¿CÓMO ?

¿Cómo seguir mirándote
y no decirte te quiero?
¿cómo seguir hablándote
sin notar que me muero?
¿Cómo seguir callando
todo este desenfreno?
¿cómo seguir aplacando
todo este veneno?
¿Cómo seguir a tu lado
sin apenas rozarte?
¿cómo huir asustado
por pensar en besarte?
¿Cómo tapar mi osadía
de atreverme a sugerirte?
¿cómo pensar en ser mía
sin ni siquiera pedirte?
¿Cómo evitar soñarte
cuando me quedo dormido?
¿cómo evitar amarte
en el sueño sumergido?

NA-108/15

NO QUIERO

No me quiero conformar

con ser un triste amigo,

no me quiero contentar

con servirte de testigo.

Quiero ser algo más,

algo profundo y tenaz,

algo más que una amistad,

algo que infunda paz.

Quiero sentirte cerca,

aturdirme en tu mirada,

sin caerme en la alberca

de una esperanza ansiada.

No quiero presionarte

a ninguna decisión,

mucho menos obligarte

a una determinación.

No quiero darme de frente,

con la puerta en las narices,

pues tu respuesta en mi mente

repite lo que tú dices.

NA-108/15

ENAMORARSE

Mi mente navega,

mi imaginación vuela,

el cariño llega

en un duerme-vela.

Es el sueño dorado,

el poder apasionado,

el deseo realizado

de quien está enamorado.

Es la realización plena,

el sentirte fuerte,

la superación llena,

el poder de la suerte.

Es vida en otro,

pasión en los dos,

feliz como el potro

que trota veloz.

Es felicidad ajena,

placer de querer,

confiar sin pena

de volver a caer.

NA-108/15

UN GESTO

Cuán necesidad de amar
que ahoga mi pensamiento,
cuán humano es desvelar
el dolor del sufrimiento.
El amor es el que apremia
a seguirte, a buscarte,
por la noche, por el día
a soñarte, a abrazarte.
Una necesidad imperiosa
que me hace desearte,
un instante, una rosa
quizá pueda entregarte.
Un verso en una flor
escondido en paralelo,
diciendo con amor
escóndeme con anhelo.
Un verso, una sonrisa,
un guiño y un abrazo,
el beso en dulce brisa
dulce brisa de ocaso.

TE PERDÍ

Otra vez volví a perder,

otra vez una ilusión,

otra vez volví a caer,

otra vez sin remisión.

Esta vez ya te perdí

sin haberte conocido,

a tiempo me arrepentí

de tanto haber insistido.

otro amor llena tu vida,

no lo dejes, cuídalo,

pues él es la salida,

no lo pierdas, ámalo.

Por mí no te preocupes,

yo sabré sobreponerme,

sin que por ello te ocupes

de tratar de convencerme.

Yo sufriré en silencio,

intentaré no llorar,

no arrastrar en mi lamento

tu voluntad de amar.

NA-108/15

UN TRISTE ADIÓS

Tengo que despedirme
aunque sabes que te quiero,
tengo que escabullirme
aunque he sido bien sincero.
Me alejo porque te quiero,
me aparto de tu destino,
pues has elegido florero
que embellece tu camino.
Que no me guarde rencor
por haberte conocido,
que no acumule dolor
por creerse desvalido.
Te deseo lo mejor,
siento ser el segundo,
todo acaba en amor
en este bonito mundo.
Mi corazón va contigo,
te acompaña un pedacito,
guárdalo como un amigo y
recuérdame un poquito.

NA-108/15

VIENTO ALEGRE

Cuando el tiempo va pasando
más agusto estoy contigo,
pues me vas acostumbrando
a creer que bien te sigo.
Con toda nuestra ilusión
nos acercamos día a día
a entregar el corazón
un poco más todavía.
He podido averiguar
que me quieres un poco
yo te puedo contestar
que quizás esté loco.
Es el calor de tus besos
el que enciende mi pasión,
el que me causa embelesos,
el que ataca al corazón.
Es el fuego de tu cuerpo
el que absorbe mi energía,
el que denota alegría
en el ojo que te guía.

NA-108/15

Palabras de fuego y lágrimas

Son tus caricias suaves
las que me hacen penetrar
en un mundo que no es Hades
y que no se puede precisar.
El caso es que me siento contento,
como hacía tiempo no lo estaba,
pues has llenado como el viento
de aire y frescor mi mirada.

EN TUS OJOS

En tus ojos me miré,

en tus ojos me perdí,

en tus ojos vislumbré

la dulce luz del querer.

Al mirarlos me encontré

con la inmensa eternidad

que su color de café

infundaba seriedad.

Tu sonrisa acompañaba

a la mirada infinita

que en mis ojos despertaba

a la flor casi marchita.

Tus pupilas encontré

clavadas en las mías,

adentrándome observé

que tú también me querías.

NA-108/15

HECHO MARAVILLOSO

¡Cuánto tiempo sin sentir
la dulzura del amor!
¡Cuánto tiempo de batir
alas mi corazón!
En tus brazos encontré
lo tanto tiempo perdido,
que sin haberlo pedido
en tus brazos lo gocé.
Con tus ojos de café
y tu sonrisa nacarada,
manteniendo tu mirada
al instante te besé.
Cierto que el paso fue tuyo
aunque yo lo consentí
y al hacerlo conseguí
aplacar un cierto orgullo.
Me conquistaste de lleno,
rompiste las cadenas
que con formas no amenas
me sujetaban en pleno.

NA-108/15

Palabras de fuego y lágrimas

Con el olor de tu piel
y el aroma de tus labios,
tan ardientes y tan sabios
lograste que fuera fiel.
Nos fundimos en abrazos,
caricias y besos sin fin
que en uno y otro confín
han unido nuestros lazos.
Observaste nerviosismo,
no le diste importancia
y acortando la distancia
hízose el resto en sí mismo.
El sueño te cogió
en mis brazos sumergida
que sin sonrisa fingida
más profundo te sumió.
Te desperté con caricias,
nuestros labios se sellaron,
nuestros cuerpos se anudaron
en un juego de delicias.
La pasión volvió a nacer,
el deseo fue más fuerte
en esa noche de suerte
que en el resto de mi ser.

NA-108/15

Palabras de fuego y lágrimas

Bajo el agua de la ducha
en un instante nos vimos,
con los ojos nos dijimos
que la pasión era mucha.
Entonces nos despedimos
con un beso y en silencio,
al instante me conciencio:
¡cuánto amor nos dimos!
Con la ternura en los ojos
y dolor en el corazón,
el adiós sin remisión
aumentó nuestros congojos.
Así es en la distancia
que tu recuerdo me ahoga,
que la pena me boga
hacia tu fresca fragancia.

NA-108/15

PUERTA ABIERTA

¡Cuán bello es el amor!

que a todas las puertas llama

pues en un instante te aclama

para hacerte ganador.

Sí, ganador de su ternura,

portador de su ilusión,

ilusión de una pasión

adquirida con bravura.

Bravura para mirarte,

para decirte te quiero,

que por el sí me muero

no me hagas esperarte.

Esperarte con anhelo,

sonreírte con dulzura,

que no sufra de amargura

un corazón de hielo.

En el gesto la mirada

ardiente, atrevida y honrosa

que cuan pétalo de rosa

en mis ojos confiada.

NA-108/15

Palabras de fuego y lágrimas

Por ti y por tu amor
lucharé sin rendición
y sin darte explicación
te besaré con dulzor.

Palabras de fuego y lágrimas

TARDE DE A M O R

En un momento álgido,
con la lluvia cayendo,
un poema va fluyendo
en el atardecer cálido.
Unos ojos me sorprenden,
con una dulzura de miel,
pidiendo no seas cruel
que mis manos lo presienten.
Unos ojos me interrogan,
con una suavidad tal,
que imposible hacer mal,
los nervios son los que bogan.
Una mirada caliente
me penetra y me llena
y olvidando la pena
hace mi corazón valiente.
Unas manos acarician
mis manos sin rubor
y siento con pavor
lo que mis ideas propician.

NA-108/15

Palabras de fuego y lágrimas

Una sonrisa me adula,
mi cuerpo lo manifiesta,
la tensión como en fiesta,
la serenidad no la emula.
El deseo se apodera
de dos cuerpos a la vez
que a fundirse en un ser
los incita y pondera.

Palabras de fuego y lágrimas

TRISTE LAMENTO

¿Cómo me pides que te olvide
si hasta el aire que respiro
me trae tu fragancia?
¿Cómo me dices se acabó
si cuando entro en casa
descubro tu elegancia?
¿Cómo echarte de mi mente
cuando justamente has entrado?
¿Cómo pedirme déjame
cuando tanto me has acariciado?
Sabes que no puedo echarte
que has calado muy hondo,
que quiero tocarte, abrazarte,
sentir el deseo hasta el fondo.
Quiero redescubrir tu cuerpo,
su firmeza, su turgencia,
quiero besar con paciencia
la tersura de esos miembros.
¿Cómo quieres que yo olvide
el calor de esos momentos?
¿No será que lo que pides
es que muera de lamentos?

NA-108/15

Palabras de fuego y lágrimas

¿Cómo quieres que te olvide
si estás presente en cada instante,
si lo único que pido
es tenerte como amante?

NA-108/15

DISTANCIA

Con un día de caricias
te he perdido para siempre,
en un día de delicias
he perdido mi consciente.
Ahora que me has dejado
mi camino está vacío,
el dolor está empezado
en mi camino de hastío.
Tu luz me hizo vibrar,
entrar en otra dimensión,
tu adiós me hizo llorar,
perder otra ilusión.
De la vivencia he aprendido,
tú muy bien me has enseñado
que no hay que quedarse hundido,
solamente enamorado.
Pero es difícil renunciar
a un placer tan exquisito,
es tan difícil paliar
todo este gran apetito.

NA-108/15

Palabras de fuego y lágrimas

Sólo me queda imaginarte,
sentirte con el pensamiento,
resignarme a no amarte,
aplacar mi sentimiento.

DESLIZ

Esta mañana el teléfono ha sonado
ya sabiendo que eras tú
el aparato he descolgado.
Antes de que hablaras
ya sabía yo el mensaje,
que sin tú lo desearas,
hecho estaba el equipaje.
El día de vuelta a casa
el final ya lo intuía,
la vida ligera pasa,
tu sonrisa se perdía.
El final estaba claro,
desde el principio, ajado,
no podía ser colmado
tanto deseo y caro.
Ya sólo queda el recuerdo
de ese jueves alocado,
de ese día tan preciado,
de ese deseo tan cuerdo.
Respeto tu decisión,
vive y sé feliz,
que por un tonto desliz
no se rompa la ilusión.

© Copyright Pablo Rubio Canelada
NA-108/15

Palabras de fuego y lágrimas

Espero que me recuerdes
como algo pasajero,
pero si tú lo consientes
en mí tienes un compañero.
Por lo tanto
¡hasta pronto! y recuerda que:
te quiero.

NA-108/15

DULZURA

Un martes de primavera
mi corazón retumbó,
tu voz dulce y sincera
a mis oídos clamó.
A verte me dirigí
sin ninguna pretensión,
un paseo junto a ti
gocé con ilusión.
A medida que hablábamos
el deseo floreció,
nuestros labios ansiábamos
el destino los unió.
Al sellarse nuestros labios
un estremecimiento corrió,
una decisión de sabios
en ese momento sonó.
Un gran zumbido de alerta
deshizo nuestra pasión,
era el grito de una puerta
cerrada sin remisión.

NA-108/15

Palabras de fuego y lágrimas

Al día siguiente viniste
con bastante indecisión,
a quedarte, eso dijiste,
tuya fue la decisión.
Bien es cierto que querías
estrecharme entre tus brazos,
el riesgo ya lo sabías,
caros fueron los abrazos.
Para mí fue una experiencia
pura, dulce y adorable,
tus dulces ojos de sapiencia
la hicieron más excitable.

NA-108/15

TAN BELLA

¡Qué sensación de alegría
me produce tu sonrisa!
que te quiero todavía
y me muero por tu risa.
Mirando tus ojos veo
iluminarse una estrella,
que me siento como un reo
cuando te veo tan bella.
Resplandeces en la noche
como el oro con el sol,
cuando entras en el coche
tiemblo yo de la emoción.

NA-108/15

POEMA PARA MI MADRE

En el seno de un hogar

en un tiempo no lejano,

mi espíritu quiso bajar

y formar un ser humano.

Una madre se prestó

a acogerme en su seno

una madre así pactó

el crear un lazo ameno.

Supo darme los valores

que creyó más adecuados,

supo darme los amores

que pensó más apropiados.

Me educó como sabía,

como ella había aprendido,

me dio lo que podía,

lo que había conseguido.

Palabras de fuego y lágrimas

Hoy con más de treinta años

los dos hemos aprendido

a querernos sin engaños,

a saber de lo vivido.

Gracias te doy madre buena

con todo mi corazón,

con la mirada serena,

con ternura y con tesón.

Gracias por traerme a la vida,

gracias por toda tu ilusión,

por la experiencia sentida

y por tu gran devoción.

En fin, gracias te doy por todo

por cuanto por mí has hecho,

de esta forma y de este modo

te da las gracias mi pecho.

También te pido perdón

por todo el daño causado,

por la no realización

de lo que de mí has esperado.

NA-108/15

Palabras de fuego y lágrimas

Con toda esta alegría

te ofrezco esta poesía,

que surgió del alma mía

para expresar lo que sentía.

Palabras de fuego y lágrimas

MI CIELO

Quizá hoy te recuerdo más que nunca,

tu presencia en mi pensamiento es constante,

en el espacio infinito y amante

tus manos suaves mesan mi nuca.

Y es que te quiero y te quiero

eres mi compañera de vida

eres mi amada esposa elegida

unida a mí por el cielo.

Dios te puso en mi camino

como jugando a los dados

trayendo, sí, buenos hados

para unir nuestro destino.

Yo no tengo la experiencia

(en esta vida, se entiende),

de llevar una relación

y esa es pues la pretensión

para pedir sé paciente.

NA-108/15

Palabras de fuego y lágrimas

No te dé miedo el futuro,

princesa en mi corazón,

que todo es a la sazón

bien sencillo y bien seguro.

Te amo y eso es lo que cuenta

y voy a hacerlo lo mejor

con dulzura, con ternura y con valor

lo mostraré y que se sienta.

No habrá fuerza en la andadura,

salvo las leyes de Dios,

que interfiera entre los dos

para quebrar la armadura.

Sólo pido confianza,

que no arrojes la toalla,

tu valentía es de talla,

nunca pierdas la esperanza.

El cielo ya ha abierto sus puertas

derramando bendiciones,

entonando sus canciones

para nuestras orejas abiertas.

NA-108/15

Palabras de fuego y lágrimas

Siente el fluir de la vida,

no lo hagas complicado,

en lo sencillo está el dado

para ganar la partida.

Te amo y ahora mismo

me doy cuenta de que sé

que por siempre te amaré

aunque caiga en un abismo.

NA-108/15

Palabras de fuego y lágrimas

BLANCA ESTHER

Bella como las rosas en primavera,

luz encendedora de otras luces,

amable, tierna, sincera,

nunca pasa sin cruces,

cada paso suyo desvela

amistad, cariño, entrega.

Esperanza en la mirada,

sólo observa y contempla,

tez blanca, tez rosada,

hermosa cuando se templa

escuchando embelesada

relatos de otras tierras.

Blanca en su corazón,

ardua es la tarea,

rebelde sin comprensión,

resurgiente en la marea

entabla bien relación,

ni se asusta ni se menea

aunque tiemble el corazón.

Palabras de fuego y lágrimas

Inmersa en sus sentimientos

razona con audacia,

intenta sin miramientos

ganar a los pensamientos

observando la apariencia,

internándose hacia adentro

eleva los movimientos

no cediendo en los intentos.

NA-108/15

Palabras de fuego y lágrimas

SONETO A MI DULCE COMPAÑERA

Dulce amante del mío corazón

unión ideal para este momento

luz diamante sin pena ni tormento

cándida y pura luces con tesón.

Embellecen tus ojos con razón

carece tu mirada de maldad

obtienes dulce la inmensidad

meditada en la buena intuición.

Pueda el cielo mirarte cara a cara

amada esposa de eternidad

ñiña proveniente de las estrellas.

Entregado a ti el cielo me ampara

recibiéndote con complicidad

amándote siempre y viéndote en ellas.

Palabras de fuego y lágrimas

CARTA DE AMOR

¿Por qué será que de mi mente sólo emerge el recuerdo de un día, un día de junio, en el que el destino te trajo a mis brazos, un día de junio, en el que después de pasear, cogidos de la mano, como una pareja de adolescentes que descubren por primera vez la delicia del encuentro de dos pieles diferentes, nuestros labios se sellaron?

No sé, quizá la respuesta esté dentro de mí, pero por el momento sólo se me ocurre escribir. Quizá escribiendo consiga sacar de mí todo lo que siento e incluso pueda alejarte de mi pensamiento. Quizá sólo sea un desahogo, en el cual me sumerjo para no sentir que te quiero. Mi corazón se desgarra por oír tu dulce voz, por sentir tus suaves labios, por acariciar tu piel tersa y joven. Sé que debo contentarme con tu recuerdo, pero es él el que me aprisiona. La casa se ha vuelto pesada desde que te fuiste y tu voz de ternura martillea mi cabeza constantemente. Tú dirás que sólo fue un día, pero, ambos sabemos que fue más que eso, aunque por otra parte, yo, tenga que conformarme con perderte. Me gustaría que me dijeras qué puedo hacer para no pensar en ti, en las delicias de tus caricias y de tus manos, que junto con tus labios recorrieron toda mi piel. Me gustaría que me contaras cómo puedo olvidarte y por qué tuviste que contarme todas aquellas cosas que me revelaste. No me arrepiento de haberte besado, ni de haberte acariciado. No puedo sentirme culpable por algo que me hizo tanto bien. Cada vez que entro en el cuarto, donde estuvimos tanto tiempo

Palabras de fuego y lágrimas

gozando de nuestros cuerpos, te echo de menos. Sabía que la situación estaba perdida incluso antes de empezar, pero, no pude contenerme al ver cómo tú vibrabas con mis besos y caricias. Intenté mantener la cabeza fría, pero, no pude y sucumbí a tus encantos que me brindaban la oportunidad de penetrar en un lugar desconocido para mí. Quizá ahora me comportaría de diferente manera, pero, estoy seguro de que me derretiría de nuevo sólo con oír tu voz. No puedo por menos que esbozar una sonrisa cada vez que te recuerdo y arropado entre las sábanas, me acuerdo de lo bien que lo pasamos, acurrucados el uno contra el otro, percibiendo ese olor mentolado por todo nuestro alrededor.

Estoy triste porque has despertado en mí un sentimiento que desde hace mucho tiempo no tenía, pero, no porque lo hayas despertado, sino más bien, porque una vez que los has despertado no se puede seguir manteniendo.

Quisiera poder enviarte unas rosas y decirte adiós, pero, no puedo porque hay algo dentro de mí que te busca donde estés, que te sigue y que te vela.

Creías tener el corazón dividido, pero, has descubierto que no. Sin embargo, el mío, ha quedado contraído, apenado, hecho añicos, los cuales tengo que recomponer para afrontar el próximo amor. Quizá decidas ser tú, yo te estaré esperando, pero, yo no lo creo, puesto que un impedimento mayor te lo prohíbe.

Palabras de fuego y lágrimas

Aquella maravillosa tarde, en plena naturaleza, te acercó a mis brazos y por ello doy gracias.

Quizá hayas abierto el camino hacia la realización de mi sol o hayas contribuido a ella y por eso, también a ti te doy las gracias.

Por último seguir diciéndote que te quiero y ya que te gusta oírlo en francés, ahí va: Je t'aime.

SORPRESA

Hoy vuelvo a verte. Te aseguro que estaba deseando volver a mirar esos preciosos ojos que me miran con dulzura, esos ansiados labios que me incitan a besarlos y que debo hacer grandes esfuerzos para ni siquiera pensarlo, volver a sentir esa sonrisa que llega hasta lo más profundo de mi corazón y que me paraliza por completo. Y es que no sé lo que pasa, sólo quiero estar contigo, el resto de las cosas no tiene importancia. Se me olvida que tengo que estudiar, pero, ¿cómo voy a concentrarme si estás en todos mis pensamientos? Es imposible. A cualquier sitio donde voy te llevo conmigo, estás presente en cada momento del día. Tu nombre se repite en mi cabeza una y otra vez y a veces hasta le acompaña tu rostro. En mi mente esa imagen de ti reaparece mirándome y diciéndome: ¡Eh! Estoy aquí. Y entonces es cuando te veo con todo tu esplendor y te sonrío y pienso en cuanto me gusta estar contigo, porque un momento contigo es hacer lucir el sol en un día nuboso, es irradiar tanta luz que hasta la naturaleza entera se pregunta qué nuevo fenómeno está ocurriendo, es hacer brillar una estrella en el espesor de la noche, es devolver la sonrisa a mis labios para que sean capaces de expresar lo que siento. En fin, un momento contigo representa todo lo que yo pienso.

Hoy vuelvo a verte y te traigo una sorpresa, una sorpresa que tiene tres partes diferentes y que son necesarias para intentar llegar

NA-108/15

Palabras de fuego y lágrimas

a tu corazón. Sinceramente espero que surta efecto.

La primera parte que compone la sorpresa es un obsequio de chocolate, porque sé que te gusta y porque al igual que él se deshace muy despacio en tu boca, así me deshago yo por probar la miel de tus labios, apreciándolos dulcemente hasta límites insospechados.

La segunda parte es una rosa porque no hay nada mejor para llegar al corazón de una mujer que ofrecerle una flor y porque al igual que la rosa lleva la magia del momento dentro de su forma, así haces tú, consigues que cada momento que estoy contigo resulte inolvidable.

Por último me ofrezco yo, que a través de estas palabras te pido que barajes la posibilidad de aceptarme como compañero porque sigo manteniendo la ilusión de un colegial que se enamora por primera vez y que desea por todos los medios ser correspondido.

Espero que esta sorpresa haya sido de tu agrado y que sea capaz de hacerte manifestar lo que sientes.

Tanto si es así como si no, por lo menos te agradezco la oportunidad de dejar que yo sí expresara lo que siento aunque tú ya lo supieras.

NA-108/15

DECISIÓN

Quizá llegue un día

que la luz de tus ojos

miren sin ironía

día de olvidar los enojos.

Quizá llegue un día

que la luz de tu mirada

rescate la simpatía

de una sonrisa ajada.

Me pierde la inquietud

de un cariño deseado

mostrado con lentitud

en este tiempo pasado.

Ni siquiera puedo hablar

me desespera el silencio

obligado estoy a callar

cual torpe y pobre necio.

Palabras de fuego y lágrimas

Quizá sea el momento

crucial de decidir

seguir en el intento

o permitir extinguir.

Décimo día consciente

diez días sin hablar

ni una palabra presente

es tu manera de obrar.

Decide de una vez

toma una decisión

pero házmela saber

cuanto antes mejor.

Continúa o abandona

siente y resuelve

aléjate o perdona

desaparece o vuelve.

Pero el silencio me limita

me sobrecoge y entorpece

un mutismo que me irrita

un amor que perece.

NA-108/15

Palabras de fuego y lágrimas

Si es la hora del adiós

hagámoslo con valentía

afrontémoslo los dos

sin perder ya ni un día.

Ya no puedo continuar

con esta certera agonía

ni siquiera ya esperar

a que cambies todavía.

Por lo tanto y en un plazo

un tiempo más corto que largo

una decisión dará paso

quizá a un dolor amargo.

NA-108/15

Palabras de fuego y lágrimas

DOCE AÑOS

Doce años hace hoy

del día en que naciste,

doce años hace hoy

que a venir te decidiste.

Viniste a toda prisa,

quisiste llegar enseguida

ayudar con tu sonrisa

a tu familia escogida.

Doce años han pasado

desde aquel día glorioso

doce años nos has dado

tu sabiduría y arrojo.

Eres grande, eres fuerte,

eres sabio, eres valiente,

eres listo e inteligente,

disciplinado y obediente.

NA-108/15

Palabras de fuego y lágrimas

Gracias por existir,

gracias por elegirnos,

gracias por permitir

que de ti seamos dignos.

Te queremos, ya lo sabes,

nunca dudes de eso,

eres una de las naves

que nos aúna exprofeso.

CAPÍTULO IV: TRAGEDIA Y MUERTE

NA-108/15

A MI PADRE

Saliendo de trabajar

la muerte se encontró,

cansado ya de andar

un coche lo mató.

No pudo ni suspirar,

ni por supuesto pensar

en nosotros los demás.

Nosotros que nos quedamos

apenados lloramos

de nada poder hacer.

Esta vida es un fracaso

cuando menos te lo esperas

te ocurre este caso

y pasa y no te enteras.

Saliendo de trabajar

la muerte se encontró,

cansado ya de andar

un coche lo mató.

NA-108/15

IMPOSIBLE OLVIDAR

Lejos queda ya
el instante de tu muerte,
con angustia y sufrimiento
el momento de perderte.
Solo quedan los recuerdos
difíciles de borrar,
cuando un coche asesino
te tuvo que atropellar.
Todavía con el tiempo
no se te puede olvidar,
cada vez que te recuerdo
tengo ganas de llorar.
Con todo mi corazón
mi vida haría cambiar,
ponerme yo en tu lugar
y tú volver a estar.
Como eso es imposible,
nos tenemos que aguantar,
por eso quiero que sepas
que tú en mí tienes lugar.

MUERTE

¡Maldito tú!, coche asesino
que en un instante del sino
la vida has de quitar.
¡No tenemos más que eso!,
y hasta eso has de arrebatar;
solo quieres hacer daño
solo piensas en matar.
No te importa el sufrimiento
o el dolor a ocasionar,
mas eliges a tus víctimas
una y otra más.
¡Maldito tú!, coche ingrato,
no aprecias lo que se te da.
Eres fruto de los hombres
y como ellos has de errar,
¡Maldito coche asesino!
pero, ya qué más dará.

INSTANTE

La vida se te fue,
la perdiste sin querer,
aunque fue tan de repente
todavía sigues en mente.
Sabías que ocurriría
pues más de alguno
ya te avisaría,
mas tú no hiciste caso,
he ahí el fracaso.
Tuviste poco de libertad
pero apuraste hasta el final.
Te gustaba correr,
te gustaba volar
y con un camión
fuiste a topar.
Tuviste un desliz,
mas inevitable ya,
tú moriste feliz.
En dos ruedas viviste
y en dos ruedas te perdiste.
No se te puede olvidar
porque tú valías más.

NA-108/15

OTRO ADIÓS

Un día de casa saliste,

un día de otoño gris,

a la muerte tú seguiste

que te ató los pies así.

Te llevó en un tris,

sin que siquiera llegaras

a poder decir sí.

No sabemos dónde estás,

pero lo que es seguro

es que ya no volverás.

Desde aquí te añoramos,

a pesar del tiempo ya

todavía te lloramos.

Un día te perdiste

con una noche oscura,

ni el adiós nos diste,

el tiempo todo lo cura.

NA-108/15

Palabras de fuego y lágrimas

<u>MANOLO</u>

De Pamplona te sacaron,

a Canarias te llevaron,

en poco más de seis meses

en coma te dejaron.

¡Tú que eres tan alegre,

tan lleno de vida quizás!

hoy no seas tan endeble,

lucha un poco y vivirás.

Tú eres otro más,

otra víctima mortal,

te debates con la muerte,

ojalá no quedes mal.

Hay gente que te quiere,

que sin ti igual muere

de melancolía o tristeza,

sin disimulo o entereza.

Ruego a Dios que no te lleve,

que con nosotros te quede,

que te saque de ese estado

en el que sumido te tiene.

NA-108/15

Palabras de fuego y lágrimas

Ponte bien por favor,
lucha un poco por tu vida,
verás que es lo mejor,
que la gente no te olvida.

NA-108/15

CUENTA CON TODOS

La vida se te va

en una cama postrado,

la vida te volverá

como maná deseado.

De ahí tienes que salir

con la sonrisa en los labios

para poder después decir

que olvidar es de sabios.

Esfuérzate y saldrás,

intenta hablar y hablarás,

un día y otro día

al final lo lograrás.

Tienes que ser fuerte

optimista y valeroso,

no pienses en la muerte

que tiempo habrá para el foso.

Todos estamos unidos

para servirte de apoyo,

te ayudamos decididos

para que saltes el hoyo.

NA-108/15

MANTO NEGRO

En un profundo aliento
la vida se te fue,
con un soplo del viento
un auto no te ve.
Envuelto en sangre te quedas
sin saber cómo y por qué,
de este mundo te alejas
hacia dónde yo qué sé.
Todos tenemos la hora
designada de morir,
es ella la que mora
en este mundo infeliz.
Yo a la muerte no temo,
mas con anhelo la espero
que a la vida no le debo
ni un instante placentero.
Yo soy otro más,
otro humilde mortal,
¡tú, muerte llegarás!
con tu manto y tu ramal.

NA-108/15

Palabras de fuego y lágrimas

UNO MÁS

Hoy me viene a la memoria
el recuerdo de tu estar,
el recuerdo de una gloria
que no pudiste alcanzar.
En un camino quedaste,
vuelta a mirar atrás,
en un camino soñaste,
último abrazo sin dar.
Sigo sin concienciarme
que no volverás más,
sin querer enfrentarme
a una dura realidad.
Sigo viéndote reír,
sigo viéndote leer,
sigo viéndome sufrir,
sigues viéndome crecer.

NA-108/15

OCURRIO ASÍ

Al llegar a casa un día
siendo yo militar,
me pediste el teléfono
por lo que pudiera pasar.
Al día siguiente caíste,
no pude hablarte más,
en la noche te perdiste
yo dispuesto a formar.
El teléfono sonó,
y antes de que hablaran
un presentimiento me ahogó.
Bien era la llamada
para el soldado de plana,
que con la mirada encrispada
vio su entereza caer llana.
Un anuncio, un accidente
producido en tu familia,
tiene carácter urgente
vuelve a tu casa enseguida.
No me dijeron verdad
y el retorno se hizo largo,
pensando en que quizás
pudiéramos hacer algo.

NA-108/15

Palabras de fuego y lágrimas

Mas cuál fue mi sorpresa
al llegar a la estación,
mi hermano como una fresa
temblaba sin remisión.
Yo pregunté qué tal
y su voz le delató,
ya estaba hecho el mal
pues un coche te mató.
Allí estaba yo,
vestido de militar,
oyendo la extraña voz
de un llanto fraternal.
No supe reaccionar,
mi mente no lo aceptaba,
veía a mi madre llorar
y eso no lo aguantaba.
Todo fue una reunión
de la familia completa,
todos dieron emoción
a una tragedia neta.
Así fue como ocurrió,
en la noche de noviembre,
en la que el alma voló
de tu cuerpo para siempre.

NA-108/15

CAPÍTULO V:
AMISTAD

NA-108/15

PEQUEÑA Y GRANDE

Quince o dieciséis años,
pequeña de estatura,
ojos y mente de gran tamaño.
La vida te trató mal,
tan duramente como a mí,
con cierta crisis mortal
pero consigue ser feliz.
Te quiero tal como eres,
tan sincera y cariñosa,
que ni fea ni hermosa
vales más que si lo fueres.
Contigo puedo hablar
de todo y sin tabú,
siempre puedes escuchar
como sólo sabes tú.
Te gusta aconsejar
y si puedes ayudar
a todos los demás.
¡No cambies jamás!

NA-108/15

Palabras de fuego y lágrimas

MIS AMIGOS

Vacío y triste estoy,
mi vida no tiene sentido,
andando la vida voy
como si fuera un mendigo.
Mi mejor apoyo
sois vos, mis amigos,
sin los que no soy nada
en esta horrenda morada.
Sin vosotros qué hacer,
dónde ir, qué pensar,
qué mirar, qué intentar.
Menos mal que me queréis
y a veces me recordáis,
no creo que valga tanto,
en mucho me valoráis.
Por vosotros daría todo,
hasta mi vida incluso,
por eso os digo de este modo:
os quiero mucho.

Palabras de fuego y lágrimas

YOLANDA

Una chica tierna y agradable,
un corazón abierto y amable,
una sonrisa en sus labios
inspira al menos sabio.
Cuando el corazón lo manda
di su nombre, acuérdate,
Es Yolanda.
No es un nombre cualquiera
para una chica cualquiera,
es el nombre para ti
por ser de esa manera.
Tu sonrisa es importante,
para ello estás dispuesta,
para mí es lo más grande
y nadie lo detesta.
Me gusta tu compañía
y en algún momento incierto
un te quiero se me oiría.

NA-108/15

NOMBRE FUERTE

Nacimiento de ternura,

intensidad de acento,

movimiento de locura,

finalidad de intento.

Esperanza de conquista,

color de sufrimiento,

visión de una pista,

amor de tormento.

Hoguera de pasión,

fruto del viento,

ceguera de ocasión,

sonrisa de lamento.

Plenitud de corazón,

fin de sinceridad,

angustia de opresión,

orgullo de amistad.

Nombre de fuerza,

sed de valor,

que no se te tuerza

tu intenso calor.

NA-108/15

FIDELIDAD AMIGA

Cómo poder describir
la grandeza de un amigo,
que a la hora de partir
aún desea estar contigo.
Quisiera estar siempre aquí
brindándote mi cariño,
no alejarme de ti
como si fuera un niño.
Aunque sabes de verdad,
que a pesar de la distancia,
encontrarás mi amistad
aun estando en Finlandia.
Sigues como de costumbre,
tan grande de corazón,
que no se apague tu lumbre
que enciende mi emoción.

NA-108/15

CONSIDERACIÓN

Con angustia y pesar
tuve que despedirme,
alejarme del mar,
obligarme a irme.
Hoy mirando atrás
te recuerdo sonriente,
con tu gran sinceridad
y tu mirada caliente.
Es imposible olvidar
el gesto de un amigo,
que es capaz de todo dar
para tenerte consigo.
Que Dios mantenga
la amistad y el orgullo,
que en nosotros tenga
la voluntad de arrullo.
Eres como mi hermano
al que no se puede fallar,
al que llevas de la mano
para que nada le pueda pasar.

PAREJA UNIDA

Dios os guarde,

os proteja y bendiga,

que os haga alarde

de su grandeza viva.

Que perdure vuestra unión,

que siga alumbrando la llama,

que impere en la ocasión

el amor que siempre gana.

Que lleguéis hasta el final,

hasta la muerte amándoos,

que no os llevéis mal,

que sigáis encantándoos.

Es mi deseo ferviente

que alcancéis felicidad,

seré vuestro humilde sirviente

para cualquier necesidad.

De verdad que os quiero

con todo mi corazón,

os doy mi cariño entero

y con toda la razón.

NA-108/15

ROSA

Un verso me has pedido,
con la mirada sincera,
un verso has conseguido,
no lo consigue cualquiera.
A ti te lo dedico
sin pretensión alguna,
así te lo indico
en una noche de luna.
Tienes encanto sin par,
de los pies a la cabeza,
esmeralda en tu mirar,
dulce, puro, de fineza.
Bien estoy a tu lado
cuando te sientas conmigo,
al sentir ilusionado
seguir siendo tu amigo.
Eres dulce y cariñosa,
bien lozana, bien hermosa,
como una flor olorosa,
pues bien tu nombre es Rosa.

Palabras de fuego y lágrimas

RAQUEL

La sonrisa le precede,
el entusiasmo la domina,
su mirada que procede
del interior de una mina.
Sin llegar a conocerme
unos versos me pidió,
hasta llegó a convencerme
y de mí los consiguió.
En su sonrisa inocente
algo cálido encontré,
la amistad se hizo latente
no sé cómo ni por qué.
Pues el nombre de Raquel
algo viene a sugerirme,
que ni rosa ni clavel
algo raro tiene en firme.

EN LA MONTAÑA

En la lejanía del monte
una chica conocí
que tras cruzar el horizonte
mucho cariño cogí.
Siempre alegre y sonriente,
humilde e inteligente,
también algo sorprendente,
estudiosa e inocente.
Tras unas horas de charla
a mi corazón llegó,
la lengua sin soltarla
mi mente cautivó.
Mi sonrisa es la de ella,
contento al verla reír,
cuán es dulce, cuán es bella,
cuán amargo su sufrir.
Poco me queda de estar,
poco en su compañía,
pero no la he de olvidar,
largo tiempo todavía.

NA-108/15

MI AMIGA PILI

En el trabajo encontré
a una chica especial
que sin ser superficial
una amistad vislumbré.
Con su sonrisa en el rostro
siempre dulce, siempre amable
siempre serena y afable
nuestra amistad así encostro.
Con ella puedes contar
en momentos de amargura
y en momentos de locura
la risa hará brotar.
Pilar es su nombre,
Pili para los amigos
que no teniendo enemigos
no hay ninguno que la ensombre.
Mi amistad siempre tendrá,
cuando me necesite estaré,
cuando me llame vendré,
con mi apoyo contará.

NA-108/15

Palabras de fuego y lágrimas

Nuestra amistad es especial,
no se puede derrumbar
cual castillos en el mar
con intención o con mal.

NA-108/15

LUR

Lur, tienda de magia
blanca, fuerte y poderosa,
camino de luz imperiosa,
no te creas que se plagia.
Lur, tienda de amor
sublime, bello y sincero,
que no pretende dinero
pues así se hace mejor.
Lur, tienda energética,
nombre fuerte de tierra,
a ella, ¿quién no se aferra
en esta vida hermética?
Lur, tienda de grupo
loable, sencillo y hermoso,
para nada indecoroso,
yo te apoyo y te aupo.
Lur, tienda regida
por una chica escogida,
una chica sentida,
una chica firme y decidida.

NA-108/15

Palabras de fuego y lágrimas

Isabel es su nombre,
Lur es la tienda,
nombre de prenda,
prenda que asombre.

NA-108/15

Palabras de fuego y lágrimas

MIS HERMANOS

En mi andadura de vida
una ilusión se creó,
que con fuerza comedida
a mi corazón llegó.
Es la fuerza de un amor
de una pareja ligada
a un esplendoroso candor,
dulce, tierna, enamorada.
Una pareja de amigos
a su casa me invitó,
ellos están de testigos,
algo más allí ocurrió.
Yo sentí cual mis hermanos
me trataba la ocasión
en unión les di mis manos
como unidas en canción.
Me agrada su compañía,
me agrada su invitación,
gran estimo su osadía
y su fuerte decisión.

Palabras de fuego y lágrimas

Me gustaría deciros,
ya para terminar,
en mi corazón conferiros
que ya en mí tenéis lugar.

NA-108/15

M A G I A

La magia de la naturaleza
al iniciarse la primavera
arraiga firme la entereza
cual el fuego de una hoguera.
Unidos por el espíritu
por el sol y la inspiración
hallamos acá, in situ
la llama de radiación.
Una fuerza creadora
de paz, armonía y amor
una luz abrumadora
nos deslumbra con candor.
Es la fuerza acogedora
del amigo en unión,
con su compañera hacedora
de la magia en comunión.
Con los ángeles andando,
recorriendo con nosotros,
el camino iluminando,
¡salid a hablar a otros!

NA-108/15

Palabras de fuego y lágrimas

Son largos días de espíritu,
camino de iniciación,
con la fuerza de elementos
naturales en función.

NA-108/15

UNION Y FUERZA

Con dos amigas me vine,
de ellas surgió la idea,
que la luz del sol domine
que el agua del mar nos vea.
Una semana en la playa,
en la playa de La Mata,
la fuerza que no se vaya,
la verdad fuerte nos trata.
Nuestra unión hace camino,
vereda, senda y andanza,
que nuestro firme destino
siga firme en lontananza.
Me han abierto las puertas
de la vía espiritual,
deja las cosas muertas,
deja ya lo conceptual.
Poco a poco voy haciendo,
dejando hechos atrás,
a ellas agradeciendo
los consejos que me dan.

NA-108/15

Palabras de fuego y lágrimas

Gracias os doy a las dos
por abrirme bien los ojos,
por herirme con amor
para no dejarme cojo.

Palabras de fuego y lágrimas

SE CASAN

Un día lo conocí

siendo yo militar,

desde ese día sentí

sin la orden de gritar

que ni plata ni rubí,

un amigo al que imitar.

En su corazón me acogió

cuan amigo de verdad,

en lo que pudo ayudó

con toda sinceridad.

Poco tiempo le duró

nuestra aparente amistad

pues él ya se marchó,

en tiempo no supe más.

Pero el destino ansioso

nos trajo de nuevo a juntar,

por mi parte deseoso,

la amistad quise fraguar.

Me volvió a dejar pasar,

hasta dentro sin llamar,

yo no sé cómo expresar

esa nobleza sin par.

NA-108/15

Palabras de fuego y lágrimas

Un día a su novia conocí,
dulce, suave y agradable;
también mi amistad le ofrecí.
Sabía yo desde entonces
que este día llegaría,
día de oros y bronces
y de lágrimas de alegría.
Diego Jesús se nos casa,
Mª Encarna lo pretende,
"el niño" dicen en casa,
"la niña" dice la gente.
Que mi verso os acompañe
en vuestra común andadura,
que nada ni nadie lo empañe
con lágrimas de amargura.
Os deseo de verdad
que el amor sirva de guía,
que os aporte libertad
tanto de noche como de día.

BODA

Un buen amigo se casa
un día 9 de septiembre,
que su unión construya masa,
que sea amor lo que siembre.
Una buena chica escogió,
tenía que ser así,
un puro amor le ofreció,
espero no tenga fin.
¡Mª Encarna cuídalo!
hazle siempre sonreír,
con tus besos mímalo
que no te oiga maldecir.
¡Diego Jesús quiérela!
no le hagas de rabiar,
mímala, siéntela,
que el hoy es comenzar.
Hoy empieza otra vida
de comunes decisiones,
una vida decidida,
tomadla con pretensiones.

Palabras de fuego y lágrimas

Por mi parte sólo queda
despedirme y hasta luego
deseando que se pueda
mantener vivo ese fuego.

NA-108/15

Palabras de fuego y lágrimas

FUERZA Y PAZ

Tremenda en su estatura
pero sin destacar en altura
atrapa presto su bravura
esperanza es su cordura.
Zalamera en su dulzura
ruge fuerte con premura
arrogante ni en pintura
arrulla bien su frescura.
Tesoro bien escondido
guardado abierto en el corazón
rezuma fuego encendido
aclamando sobria la intuición.
Fabrica rápida la sonrisa
hurga pronto en su interior
esquiva firme la duda
resolviendo, siempre sin prisa
zarandea con amor
apremiando siempre el valor.
Ya su paz esparce,
Permanece en el tiempo estable
armoniosa e imparable
zafiro de bello engarce.

NA-108/15

CAPÍTULO VI:
PAISAJE

NA-108/15

PAISAJE

Ante el paisaje sublime,
mirando a la inmensidad,
con el pecho que me oprime
hay que contar la verdad.
El cielo y el mar funden,
ante la vista vulgar,
en el azul se confunden
en la pista singular.
Con el monte a la derecha,
la profundidad al frente,
la inspiración se aprovecha
en reflejo de la mente.
Ante el aire inspirador
de una pureza sin mal,
surge el verso creador
de un mirador esencial.

NA-108/15

VELERO

Un velero que se aleja,
ante él la eternidad,
sin saber que lo que deja
es la oscura realidad.
Haciendo surcos al agua,
mirando la estela de sal,
haciendo tarea ardua
por no pensar en mal.
Un velero y horizonte
pronto se confundirán
como a una liebre en el monte
agazapada la hallarán.
Un velero que se aleja,
con él también se van
los recuerdos en bandeja
y los llantos callarán.

NA-108/15

AGUA

Agua, nuestra fórmula sagrada
nuestra esperanza creada,
nuestra tarea olvidada,
nuestra joya más guardada.
Agua, por el hombre utilizada,
por él manipulada,
por su naturaleza descuidada
llega a estar contaminada.
Agua, dulce o salada,
dulce para la sed saciada,
para miles de seres salada
y por otros miles, usada.
Agua, clara y cristalina antaño,
más turbia y sucia cada año,
pues bien el hombre hace daño,
en vertidos con engaño.
Agua, creída en abundancia,
tratada sin tolerancia
y manchada con constancia.
Hora es ya de concienciarse
que el agua es nuestro mayor bien,
hora es ya de proclamarse
defensores sin desdén.

Palabras de fuego y lágrimas

Cuando vayas al campo
bañarte en el río querrás,
si lo ensucias o lo dañas
agua sucia encontrarás.

NA-108/15

CAPÍTULO VII: ESPÍRITU Y RELIGIÓN

NA-108/15

A TI MI SEÑOR

Llega tu muerte
y con ella la esperanza,
la afrenta de tu suerte,
el grito de alabanza.
Pasados han muchos años
de odios y rencores,
siguen haciendo daño
la guerra y los horrores.
Poca es la gente que cree
en tu palabra de amor,
mucha la que te ve
como gran engañador.
Mientras el hombre no cambie
de actuar y de pensar
seguirá habiendo hambre
y sed de eternidad.
Tú dejaste un mensaje,
casi olvidado ya,
hoy se te quita el ropaje
para volverte a matar.

OTRO AÑO MÁS

Otro año más

Preparando ya tu muerte,

otro año más

a volver a seguir tu suerte.

Otro año más

un mensaje emitido,

otro año más

tu mensaje invertido.

Otro año más

cuestionando tu venida,

otro año más

buscando otra salida.

Otro año más

cuestionando la verdad,

otro año más

vuelta a dejarte atrapar.

NA-108/15

Palabras de fuego y lágrimas

ANGEL

El ángel que guía tu vida

una vez te mostró

las alas que de ti surgidas

al son del vuelo fluyó.

Con las alas bien abiertas,

con el ángel de tu ser,

las espaldas bien cubiertas

sin creerlo merecer.

Alza el vuelo ángel bueno,

bate tus alas y sube,

confía en el Dios Eterno

que manda siempre la nube.

Vuela alto ángel de luz,

que el mensaje del amor

sea siempre tu virtud,

tu alegría y tu salud.

RENACIMIENTO

Hoy me siento renovado, una nueva energía ha cambiado todo mi ser. Es el mejor regalo que se me ha podido ofrecer. Hoy mis fuerzas están intactas, dispuestas siempre a servir y a ayudar, hoy soy capaz de afrontar cualquier dificultad. Me siento renovado en la UNIDAD del PADRE, me siento dispuesto a entregar mi vida por ÉL. Atrás quedan tiempos de imperfecciones, de lamentos, de ofuscaciones, atrás quedan remordimientos, rencores, enfermedades, en fin, atrás queda todo aquello que me oscurecía, que me oprimía, que no me dejaba ascender. Ya no hay nada que pueda evitar mi unión con el PADRE, porque ya lo he conseguido. Atrás quedan luchas y combates contra las fuerzas tenebrosas, peleas conmigo mismo por orgullo, vanidad o celos, lides por brillar delante de los demás, por imponer mis ideas, sin darme cuenta de que el mayor brillo se lleva en el interior, en ese interior donde casi nunca miramos porque tenemos miedo de ver lo que hay allí, de la responsabilidad que conlleva hacerlo y sobre todo que allí es donde mora el mayor de los jueces, que no es otro que tú mismo. Sabes que tarde o temprano tienes que pasar por ese juicio, esa prueba o ese examen y que es a través de él que puedes seguir caminando, porque sales con nuevas fuerzas, con el único objetivo de amar a los demás como sientes que te amas a ti mismo, porque sales con el pleno convencimiento de tu UNIDAD con el CREADOR, con AQUÉL que te ha

NA-108/15

estado esperando desde el principio y que ya ve próxima tu vuelta a CASA.

Quizá hoy me siento más fuerte y seguro de mí mismo precisamente por ese convencimiento de la ansiada vuelta a CASA. Hoy no hay nada que me pueda hacer tambalear, porque hoy empieza el resto de mi vida para seguir el PLAN DIVINO que me toca cumplir, porque hoy me reconozco como HIJO DE DIOS, HEREDERO DE SU TRONO Y DE TODOS SUS SECRETOS, puesto que ha llegado el momento de ser fiel a la promesa realizada hace ya tiempo, en el momento de la primera sacudida.

Hoy siento que todas las fuerzas del Universo se alían conmigo para desterrar de una vez por todas a ese ser creado por mí mismo para aniquilarme, sin darse cuenta de que es imposible hacerlo, porque donde mora la LUZ no puede entrar la oscuridad a hacerle frente y YO SOY todo LUZ que cada día se va expandiendo para llegar a las máximas personas posibles y hacer que ellas aviven la que ya tienen en su interior.

Hoy mando a todos mis hermanos de la Tierra toda la FUERZA y la LUZ que a través de mí se desprende para que ellos sean capaces de sentirla como yo la siento.

Hoy puedo decir en alta voz:

HERMANOS DE LA TIERRA, ABRID LOS OJOS A VUESTRO INTERIOR, DESPERTAD Y AVIVAD ESA LLAMA DE LA QUE TODOS SOMOS PORTADORES, SED CAPACES DE

Palabras de fuego y lágrimas

MANTENERLA SIEMPRE VIVA, PORQUE ES EL
MAYOR REGALO QUE LE PODÉIS HACER A
NUESTRO PADRE.

QUE LA LUZ DE DIOS OS ILUMINE SIEMPRE.

¿QUÉ ES VIVIR?

Mucha gente se pregunta ¿qué es vivir? La gran mayoría piensa o contesta a esta pregunta diciendo: Vivir es salir de marcha todos los fines de semana, coger un buen punto, hacer unas risas con los amigos, ojear el panorama de chicos o chicas y pasar un domingo tirado en la cama con un dolor de cabeza impresionante. Claro, todo esto mientras eres joven y tu cuerpo aguanta. Total para cuatro días que vamos a vivir... Además de algo hay que morir ¿no? Luego según va pasando el tiempo, decides que ya va siendo hora de sentar la cabeza y te buscas una novia o un novio para casarte, tener hijos y esperar a la jubilación con la satisfacción del deber cumplido, de haber contribuido con la sociedad y con el mundo.

Bien, es una forma de vivir dignamente de gente tranquila, que no quiere complicarse la vida buscando algo que le satisfaga plenamente. Se han acostumbrado a esta situación y se preguntan para qué cambiar o qué es lo que yo puedo hacer.

Otros muchos, sin embargo, tenemos otras inquietudes, queremos hacer algo para que las situaciones cambien, para evitar que un hermano atente contra otro, que tengan que ir hombres y mujeres a una guerra sangrienta y cruel, decidida por un mal político, cuando uno de los derechos inherentes al hombre es precisamente el derecho a la vida. En fin, otros muchos queremos ser los directores de nuestra vida, aceptando y experimentando cada situación como nos viene dada, cometiendo errores, pero aprendiendo de ellos, sin preguntarnos a cada paso si estará bien o no lo que vamos a hacer. Cuando sientas que tienes que hacer algo, hazlo y luego sé consecuente con lo que has hecho. Si ha sido positiva o menos positiva la experiencia, lo sabrás después, pero por lo menos la has vivido, la has sentido dentro de ti, la has hecho tuya. Aquí está toda la base del conocimiento y la riqueza de los seres humanos, que a través de compartir esas experiencias, el colectivo se enriquece, sin tener que presumir de qué experiencias han sido las más agradables o las más penosas, sin tener que crear envidia o lástima. Cada uno pasa por las experiencias que tiene que pasar para seguir creciendo y a cada uno nos aparecen oportunidades para ello todos los días. Sólo hace falta estar un poquito atento, para ver qué nos depara la próxima experiencia o la próxima persona con la que hablemos o se nos cruza por la calle.

Por supuesto que la vida es diversión, risa, alegría, danza, juego y sencillez, pero también es llanto, tristeza, etc. sólo que debemos ser conscientes de lo que estamos sintiendo en cada momento y saber sacar la sonrisa del llanto, la alegría de la ira o el baile de la tristeza. Quizá podríamos hacer, si fuéramos disciplinados, una ligera danza cuando nos enfadamos o acordarnos de un chiste cuando nos alteramos. Ojalá pudiéramos hacerlo porque instantáneamente nuestra aura resplandecería de nuevo, brillaría con más fuerza que antes y las tensiones se disiparían por sí mismas. Pero claro, a nadie se le ocurre cuando está alterado, nervioso o enfadado ponerse a bailar, a cantar o a contar un chiste y si alguien lo hace a su alrededor, éste todavía se altera más, pero no, eso no se puede hacer. Ojalá pudiéramos ser en ese aspecto como los niños, que sólo hay que desviarles un poco la atención para que dejen de llorar y vuelvan a sonreír. Pero, nosotros, nosotros somos adultos y se supone que nuestra atención no se debe desviar ni un ápice de un problema o un conflicto, ya que, entonces no se resuelve. Y yo propongo, haced la prueba un día, haced lo mismo que les hacéis a los niños y veréis los resultados. Cuando tengáis un problema haceos como niños, poneos a jugar y la solución del problema llegará más fácilmente. Ya sé que es fácil decirlo, pero yo os insto a que seáis valientes y lo experimentéis, comprobaréis que os lleváis una agradable sorpresa. Hacedlo por vosotros mismos y por aquellos que os rodean, porque crearéis felicidad en vuestro entorno.

SED VALIENTES Y GRACIAS POR LA LUZ QUE TODOS LLEVAIS DENTRO.

UNIDAD

Quizá no nos damos cuenta de la importancia que tiene la UNIDAD en los momentos actuales. Pero en realidad es ella la que va a imperar en un futuro no muy lejano. Próximos están ya los días en que el ser humano se reconozca a sí mismo como HIJO de DIOS y al mismo tiempo reconozca a otro ser humano como hermano suyo en una gran familia, caminando por este planeta, que es la Tierra. Realmente, eso es lo que somos, una gran familia que formamos la raza humana, porque ¿cuántas razas humanas hay sobre la Tierra? Solamente una, la nuestra, entonces, ¿por qué las separaciones? ¿por qué las imposiciones de unos valores que a lo mejor para unos son válidos y para otros no? Quizá estas cuestiones puedan ser tomadas como anarquía, porque, ¿qué sería del mundo sin dirigentes o gobernantes o leyes y más leyes basadas en prohibiciones? Sin embargo, lo que yo propongo no es anarquía, sino una de las leyes por la cual el planeta Tierra, nuestro precioso y amado centro de vida, logrará la UNIDAD y que no es otra que la siguiente: "No hagas a otro lo que no te gustaría que te hicieran a ti". Y ese otro significa desde un mineral, que forma nuestro sistema óseo, pasando por un árbol, una planta o una flor, hasta un animal, porque todos tenemos derecho a vivir. ¿Quiénes somos nosotros para creernos con más derecho a la vida que un árbol por ejemplo, si en comparación nuestro período de tiempo en encarnación es infinitamente menor que el de éste? Toda vida procede del

Palabras de fuego y lágrimas

mismo sitio, de la misma fuente y por lo tanto lleva impresa la misma esencia divina que todos los que nos llamamos seres humanos llevamos también. Por lo tanto la UNIDAD comienza con el derecho a la VIDA y la tolerancia a las demás manifestaciones de esa VIDA.

A muy poca gente se le ocurre abrazarse a un árbol y darle las gracias por la labor que está realizando, que no es otra que la de oxigenar el planeta humedeciendo la atmósfera, creando las condiciones necesarias para que la tierra fructifique y regale todo lo que de ella puede salir.

A nadie se le ocurre dar gracias al PADRE cuando ve un ciervo o cualquier otro animal en el bosque o en el monte, por la belleza que está imprimiendo al paisaje, no, eso es de locos, lo normal es ver cómo puedo cazarlo para adornar las paredes de mi casa, con el consiguiente placer que produce dar muerte a un animal inferior.

Afortunadamente, las cosas están cambiando muy deprisa y por suerte el hombre va despertando de su letargo con la ayuda de los GRANDES SERES que con su radiación y con su amor están consiguiendo que la raza humana se desperece y mire otra vez hacia dentro y hacia arriba.

Yo desde aquí, desde la posición que me corresponde, hago una llamada a esa tolerancia de la vida, a ese profundo respeto y amor por toda manifestación divina, a esa luz emanada de todos

Palabras de fuego y lágrimas

los seres y agradezco profundamente la
colaboración, la asistencia y la ayuda de esos
GRANDES SERES que están haciendo posible ese
despertar. GRACIAS, GRACIAS, GRACIAS Y QUE
LA LUZ, EL AMOR Y LA PAZ NOS CONDUZCAN
A TODOS A LA UNIDAD.

ALEGRÍA

Cuando la alegría surge del centro del corazón, su energía envuelve toda manifestación de Vida que encuentra a su paso. Es totalmente contagiosa, espontánea y crea un clima de armonía y paz a su alrededor que impide que cualquier otra vibración actúe. Sabemos muy poco de la alegría, salvo que es un estado que se siente y se contagia. Realmente así es, pero, detrás de ese estado hay otros muchos que la mayoría de las veces no nos damos cuenta de que han sido ellos los que nos han llevado a experimentar ese sentimiento tan maravilloso. Hablo por ejemplo de la Paz, del Amor, del sentirse completamente lleno en todas las células del cuerpo, de sentir toda la perfección de la Vida en cada átomo de nuestro SER. En fin, la alegría es la irradiación de la LUZ de cada parte del SER, por lo tanto es inherente a la Vida, ya que toda Vida es LUZ y toda LUZ es Vida.

La alegría es un resorte que automáticamente eleva el nivel de vibración hasta límites en que toda discordia desaparece, toda desunión queda disuelta, toda inarmonía se desvanece. Es una de las cualidades de DIOS PADRE-MADRE que coadyuva a que todas las demás se manifiesten.

¡Qué importante es encontrar a alguien en nuestro camino que esté siempre alegre! Este SER irradia a través de su aura todo el magnetismo capaz de aniquilar todo lo indeseable de cada persona que se aproxima a él.

Palabras de fuego y lágrimas

Cuando nos encontramos con un SER así, enseguida nos invade un sentimiento de afinidad que produce la desaparición de las tensiones, aunque externamente estemos pensando que esta persona está como una cabra. Pero, ¡qué agradable es sentirnos en ese estado radiante de alegría!, volver a sentir que somos niños expresándonos de forma natural, olvidando los prejuicios, los formalismos y las normas establecidas, dejándonos embriagar por esa felicidad que es preludio de esa UNIDAD que tanto ansiamos. Por lo tanto, YO os digo: "SED ALEGRES", pero sabed que no es necesario reír externamente, aunque la risa sea una consecuencia de la alegría. "SED ALEGRES", pero sabed que implica PAZ, SERENIDAD, AMOR, GOZO Y PERFECCIÓN en el interior. "SED ALEGRES Y QUE ESA ALEGRÍA SEA PARA SIEMPRE SOSTENIDA." QUE LA ALEGRÍA DEL PADRE SE IRRADIE A TRAVÉS DE TODOS NOSOTROS.

APARIENCIAS

Seguid, seguid, seguid dando importancia a lo externo, seguid viendo la ilusión que os ciega, que no os deja ver lo que hay detrás, que os impide observar que tras esa apariencia, cualquiera que sea, late un corazón, una porción del LATIDO DE LA VIDA. Continuad dejándoos llevar por lo efímero, pero ¿hasta cuándo? ¿Cuándo vais a ser capaces de abandonar la ilusión para hacer frente a la realidad?

Permitidme que la LUZ de mi conciencia pueda llegar a la vuestra para que vosotros mismos seáis capaces de distinguir la apariencia de la realidad. Permitid que la LUZ que YO SOY alumbre cada uno de vuestros pasos. Acceded a esa LUZ que todos lleváis dentro. Sentid con la mente y pensad con el corazón, sólo así, uniendo pensamiento y sentimiento se logra discernir, se logra captar cada porción de verdad. Sabed que en vuestras manos está la elección de la PERFECCIÓN y la FELICIDAD o por el contrario la del sufrimiento y del dolor. Elegid, pero sabed que en aquello en lo que pensáis es aquello en lo que os convertís. Sed conscientes y no permitáis que las dudas os asalten. Tened confianza. Antes de que la LUZ se manifieste en toda su PERFECCIÓN hay que hacer una limpieza a fondo, por eso no os desesperéis porque no se manifiesten inmediatamente vuestros deseos. Tened en cuenta que lleváis centurias manteniendo pensamientos de imperfección y limitación. Pero, la llave ha girado, se ha abierto la puerta. Desde este mismo

Palabras de fuego y lágrimas

momento PENSAD LUZ, SENTID LUZ. SOIS realmente LUZ y la LUZ ES PERFECCIÓN. Eliminad la tendencia natural a juzgar, a criticar o a encasillar a cada una de las personas que tenéis a vuestro alrededor. Recordad que en la medida que juzguéis así seréis juzgados, pero eso también es apariencia, porque los jueces sois cada uno de vosotros y la realidad es que cuando juzgáis a alguien estáis poniendo la medida de vosotros mismos en vuestro propio juicio.

SOIS CAPACES de descubrir detrás de cada apariencia, lo que REALMENTE ES, UNA CHISPA, COMO SOIS CADA UNO DE VOSOTROS, DE LA ESENCIA DEL MISMO DIOS, es decir, DIOS MANIFESTÁNDOSE en cada uno de vosotros y ACTUANDO a través vuestro.

Soy consciente de que resulta difícil, pero SED constantes y a medida que holléis el camino, éste se irá haciendo más fácil. Ante todo sabed que no estáis solos y que la senda que vosotros comenzáis a realizar, ya ha sido caminada antes.

CONFIAD, CONFIAD, CONFIAD EN VUESTRA DIVINA PRESENCIA, que ES EL MISMO DIOS EN SU PERFECTA EXPRESIÓN y sentid que todo lo que os limita es ilusión, apariencia y por lo tanto efímero, banal y sin importancia. Dad valor a lo que realmente lo tiene que es VUESTRA DIVINA PRESENCIA YO SOY y dejad que todo lo demás se desvanezca y se transforme en la LUZ PERFECTA DE DIOS PADRE-MADRE.

Palabras de fuego y lágrimas

YO SOY, COMO TU, LA LUZ, EL AMOR Y LA PAZ, EXPANDIÉNDOSE, EXPANDIÉNDOSE, EXPANDIÉNDOSE a través de toda la VIDA en este planeta Tierra, REALIZANDO LA PERFECCIÓN DEL PLAN DIVINO.

Palabras de fuego y lágrimas

VUELTA A CASA

"Tengo que volver a casa".

Es el pensamiento y el deseo que surgen después de tanto tiempo, perdido en la oscuridad, sufriendo en silencio o a viva voz, la ignorancia de mi naturaleza.

Hace tiempo decidí separarme, experimentar en la individualidad, desee experimentar la materia en todas sus manifestaciones. Empecé a evolucionar sin saber o tener conciencia de qué o quién era yo, pero llegó un momento que me di cuenta de que era un hombre.

"Soy un hombre y voy a aprender cómo se comporta un hombre".

Comencé a sentir necesidades fisiológicas y a intuir que si quería sobrevivir tenía que ser fuerte, pero caí en la cuenta de que cuanto más fuerte me hacía, físicamente hablando, siempre llegaba alguien más fuerte que yo y me arrebataba todo lo que ya había conquistado por la fuerza. Por la fuerza había venido y por la fuerza se iba.

Luego constaté que el que es fuerte no necesita de la fuerza bruta, sino que, es el que es capaz de controlar esa fuerza bruta a través o mediante cierta capacidad mental.

NA-108/15

Palabras de fuego y lágrimas

" ¡Ah!- me dije- el que realmente tiene poder es el que piensa y consigue que los demás hagan lo que él quiere".

Así que desarrollé mi habilidad mental para poder manipular a los demás y tener el control de todo. Sin embargo, cuanto más quería controlar y manipular a los demás, más me controlaban a mí las circunstancias de mi vida. Venían enfermedades que me hacían tambalear, tanto física como mentalmente y una y otra vez caía sin remisión.

Entonces vi que mentalmente tampoco se adquiría poder sobre los demás, que aunque aparentemente dominaba, la realidad era que siempre estaba enfermo.

Así que un buen día descubrí que podía sentir y que a través de determinados sentimientos podía tener bajo mi yugo a mucha gente y decidí aprovechar esos sentimientos para seguir controlando. Fue entonces cuando vinieron otro tipo de enfermedades como la denominada mal de amores o los celos.

Tampoco era ese el camino correcto, puesto que volvía a traerme males y éstos dolían más que los anteriores.

Fue entonces cuando oí una tenue vocecita que me decía: "Estoy aquí".

Yo buscaba y buscaba por todos lados pero no veía nada y pensé que otra vez eran los males mentales, otra vez la locura.

Palabras de fuego y lágrimas

"Estoy aquí". Sonaba en mi cabeza cada vez más fuerte, así que me senté y dejé que esa vocecita me hablara.

"Estoy aquí. Te he estado esperando durante mucho tiempo, pero es ahora, cuando has conseguido el conocimiento y el sentimiento suficiente, aportado por la experiencia, que puedes oírme. Siempre he estado aquí, contigo, porque yo soy tú. YO SOY la parte de ti que todavía no conoces. YO SOY AQUEL que te une con tu CREADOR".

Yo pensaba que me estaba volviendo loco, pues no podía decir a nadie que oía voces dentro de mi cabeza, pero la curiosidad me podía y además me encontraba cada vez mejor. Los deseos de controlar y manipular a los demás iban desapareciendo paulatinamente y me iba dando cuenta de que mis relaciones con los demás mejoraban. Así que seguí prestando atención a esa vocecita que se hacía cada vez más audible.

"Aquiétate, búscame en el silencio dentro de ti, une tu pensamiento con tu sentimiento para poder abarcar toda la fuerza y todo el amor que tienes acumulado y podrás irradiar la paz y la serenidad allí donde vayas. Es así como se consigue el poder y es el más grande que hayas podido imaginar porque va a permitir que tus semejantes, al igual que tú, se unan con el CREADOR DE TODA LA VIDA y la dicha y la felicidad que vas a conocer no tendrán fin".

Palabras de fuego y lágrimas

Efectivamente así era y así sigue siendo, por lo que prometí y sigo manteniendo la promesa de que haría todo lo que pudiera para que todos los seres sintieran la dicha y el gozo que yo experimento al volver al tan esperado HOGAR, donde salí un día por decisión propia y a donde mi regreso está próximo por decisión consciente. Por eso yo bendigo TODA VIDA, porque ha sido ella la que me ha devuelto a CASA. GRACIAS VIDA.

NA-108/15

ESPÍRITU DESBORDANTE

Siente el Espíritu galopar dentro de tu pecho. Permite que se exprese dentro de ti como lo más maravilloso que te ha ocurrido en tu vida. Siente que vuelas, que te desvaneces en el interior del ALMA UNA, que navegas sobre un mar donde reina la calma y donde los colores te hacen parecer mago del Universo. Escucha, ¿no oyes? Es el sonido de la LUZ el que te habla, el que te dice: Ven y te haré percibir lo que nunca has experimentado. Ven conmigo y te llevaré a lo más profundo de la LUZ, donde te puedas observar y ver lo maravilloso que eres, donde puedas contemplar todas las bellezas de la creación. Ven conmigo y disfruta, disfruta de todo lo creado, porque todo ha sido hecho para ti. Ven, juega conmigo, vuelve a ser el niño espontáneo que un día fuiste. Ven, te traigo todo aquello que te aporta vigor, alegría, entusiasmo, paz, amor y todo aquello que necesitas para notar que estás vivo. Sólo necesitas querer, abrir las puertas a esa LUZ que llevas dentro y que lleva mucho tiempo arrinconada porque ni siquiera sabías que existía. Deja que se libere el SER que realmente eres, deja que salga y que experimente a través de ti. Él te aportará la unidad que necesitas primero contigo y luego con el resto del universo porque en el GRAN CORAZÓN DEL PADRE TODOS SOMOS UNO. Complácete en observar los resultados que te trae ese SER que tú eres y disfruta con ellos. Te sentirás desbordar de algo que no se puede expresar con palabras pero que se irradia a través de ti y resulta de lo más

NA-108/15

contagioso. Observa y verás cómo cambia el semblante de las personas que tienes alrededor, como las miradas se dirigen hacia ti y como los demás se preguntan qué es lo que tienes que de esta manera atraes. La respuesta es bien sencilla: Es la LUZ DEL UNIVERSO Y EL AMOR DEL PADRE los que circulan a través de ti. Es la Alianza con el SUPREMO HACEDOR de realizar siempre su VOLUNTAD. ¿Quieres experimentar estas sensaciones y estas emociones? Contéstate a ti mismo y esfuérzate por superarte cada día. LA FUERZA DE LA LUZ Y EL PODER DEL AMOR ESTÁN CONTIGO SIEMPRE, no lo olvides. Rejuvenécete en el abrazo cálido de AQUÉL QUE NO SE PUEDE NOMBRAR Y QUE LA LUZ, EL AMOR Y LA PAZ TE GUÍEN SIEMPRE.

NA-108/15

DONDE LLEVA LA LUZ

Donde lleva la luz no hay oscuridad. Donde lleva la luz es el mágico y santo lugar dentro de tu interior donde nadie más puede entrar. Donde lleva la luz es la atracción del cielo a la tierra, la realización perfecta de un plan diseñado exclusivamente para ti, el cual es inalcanzable para el resto de las personas que no son tú. Donde lleva la luz es mirarte en los ojos de tu hermano y reconocerte en ellos, sentir que lo amas tanto como amas a la vida. Tú sabes tan bien como yo dónde lleva la luz. Si te haces la pregunta de dónde lleva la luz una persona, descubrirás que, al igual que tú, la lleva en cada átomo de su ser, vibrando a una determinada frecuencia y produciendo unos destellos especiales indicativos del nivel de conciencia en el que se encuentra. Sin embargo, donde lleva la luz es a buscarte cada día un poco más porque en la medida que buscas, encuentras y si buscas luz encuentras a DIOS actuando en ti y descubres que tú eres ÉL y que ÉL es tú sin diferencias, sin separaciones y sin personalismos.

En definitiva, donde lleva la luz es a cumplir la LEY-AMOR, ya que no hay otra más poderosa que esa y por medio de la cual DIOS no para nunca de crear.

Siente que la luz te lleva al Poder de la Vida Una que afluye en ti como un verdadero servidor, que te lleva al Amor del Alma Una que caracteriza la vida de los que como tú ayudan a los grandes seres y que te lleva a cumplir tu parte en el

NA-108/15

Palabras de fuego y lágrimas

Trabajo Uno mediante la inofensividad, el olvido de ti mismo y el uso correcto de la palabra.

En realidad, te darás cuenta que donde lleva la luz es a la realización plena de tu ser, al aumento de consciencia, cada vez más amplia, a la perfecta unidad de ti con el resto del universo, a esa inmensidad de percepción que ahora ni siquiera puedes imaginar, pero que está allí esperando a que la busques para ser encontrada.

Sólo es una pequeña chispa que yo llevo y me queda mucho para ser luz, pero que sigue creciendo, expandiéndose y haciéndose más acorde con aquello que todavía se escapa, pero que sí puedo llegar a intuir.

En fin, hermano mío, yo te insto a que seas tú mismo quien investigues dónde lleva la luz y que junto a ésta, el amor y la paz sean tus guías. LA LUZ QUE ES AMOR-LEY TE BENDICE.

NA-108/15

Palabras de fuego y lágrimas

¿PALABRAS?

¿Cómo ponerle palabras a lo que mi corazón siente?

Hoy en el despertar de la alborada espiritual, mi corazón, todo mi ser se encuentra lleno de algo tan grande que no me cabe y que debe ser repartido. Repartido primero en cada átomo de mi ser para que queden impregnados de ese sentimiento que vulgarmente se llama amor, pero que se me pierde el completo significado de esa palabra. Después repartido en aquella persona que me complementa y con la cual formo una unidad completa. Después extendido a todas las personas que me quieren y las que no me quieren y por ende a toda la humanidad y a toda la vida.

Si esto que siento representa una parte de la unión con el Padre ¡cómo será la unión completa!

Me siento invadido de una plenitud tal que gustoso la cedo a todos los seres de luz para que la lleven a aquellos lugares donde sea necesaria, para que todos los seres de la Tierra experimenten lo que yo llevo dentro.

Sólo puedo escribir, sin saber exactamente qué. Quizá sea darle vueltas constantemente a la misma idea, pero tengo que vaciarme, repartir todo eso que yo siento y que no me pertenece sólo a mí. Necesito quizá, ponerle palabras a algo que carece de lenguaje porque sería limitarlo pero que necesito hacerlo.

NA-108/15

Palabras de fuego y lágrimas

El cáliz que yo soy se está desbordando de tal manera que no puedo ni quiero retenerlo pero me siento incapaz de expresarlo.

¡Qué difícil resulta poner palabras a los sentimientos!

A lo mejor más adelante puedo hacerlo, pero por el momento desisto de ello porque me resulta imposible.

Es posible que en estas pocas líneas se pueda llegar a atisbar mi estado de ánimo, pero solamente aquél que lo haya experimentado puede llegar a comprenderme completamente.

Bueno, tendré que dejar esta reflexión en suspensión hasta que se inventen palabras adecuadas que reflejen este estado en su total magnitud....

RENUNCIA

¡Qué fácil nos resulta a veces decir: renuncio a esto, renuncio a lo otro o a lo de más allá! Pero, ¿qué significa realmente renunciar?

Renunciar es hacer conscientemente un acto de valoración desechando lo que no nos hace falta, pero de lo que aparentemente no podemos prescindir. Nuestra personalidad inferior protesta, se queja diciendo que sí que necesita eso a lo que pretendemos renunciar.

La verdadera renuncia implica dolor, pero dolor de conciencia, que te guía y te propone o te hace ver que aquello que consideras necesario en realidad es una apariencia, que el SER que uno ES, no necesita de esa apariencia para sustentarse. Duele y hasta la última célula de tu cuerpo lo siente e incluso se rebela contra esa especie de orden dictada desde arriba, poniendo toda clase de excusas para que la mente no le haga caso.

Renunciar es, como dirían los antiguos kobdas, no dejar que los deseos humanos te dominen, es decir, colocarte por encima de ellos, pero qué difícil resulta a veces ¿verdad?

La renuncia no implica represión, como normalmente se cree, implica concienciación y conocimiento de un PLAN que debe ser seguido completamente por plena voluntad. También implica que tiene que ser uno mismo quien llegue a esa concienciación. Por mucho que te lo intenten hacer ver desde fuera, por medio de "consejos

NA-108/15

morales" o de otra índole, hasta que no lo sientes dentro de ti, no puedes llevarlo a cabo.

Sencillamente, la renuncia es alinearse con el UNO, reconocer la divinidad que llevamos dentro y no dejarse llevar por los instintos animales, en definitiva es erigirse en HOMBRE integrando su naturaleza animal y su naturaleza divina y dejando que actúe lo superior sobre lo inferior.

Realmente hace falta mucho valor para no ignorar a la conciencia y dejarte guíar por ella. Sabes que lo tienes que hacer pero te resistes a ello. Debes romper moldes establecidos durante mucho tiempo, tanto que están totalmente aceptados por nosotros.

Entonces, nos damos cuenta de que realmente la renuncia no existe, sino que es la comprensión y realización de eso que llamamos superior.

Podemos concluir, así, diciendo que la renuncia es un acto de conocimiento realizado CON y POR AMOR hacia nosotros mismos con plena conciencia y con entera libertad y con repercusión en nuestro entorno.

QUE LA LUZ DE LA DIVINA SABIDURÍA ILUMINE SIEMPRE NUESTRO SER Y PODAMOS ACTUAR CONSTANTEMENTE EN REPRESENTACION DEL AMOR.

Palabras de fuego y lágrimas

CONSUELO

Ven. YO SOY. Extiende tus brazos.
Siente la suavidad de una pluma que te acaricia,
que te mece, que te acuna. Ven, aquiétate dentro
de MÍ, déjame que te mese los cabellos, que las
puntas de mis dedos produzcan la magia de la
sonrisa. Sábete protegido, querido, como cuando
se acaricia a un niño que cree no poder encontrar
solución a sus problemas.

Mi manto te envuelve, presta atención.
Allí donde tropiezas, allí estoy levantándote y
curando tus heridas. Allí donde te asustas, allí estoy
proporcionándote valor. Allí donde dudas, allí estoy
dándote seguridad. Allí donde flaqueas, allí estoy
estimulándote con fortaleza. Reconóceme como
parte de ti y YO te aseguro que nunca más tendrás
miedo.

Vuélvete hacia MI, que estoy dentro de ti
y podré llorar contigo, reír cuando tú lo haces y
darte todo aquello que necesitas para que superes
todo obstáculo que aparezca.

Acude a MÍ, estoy deseando ayudarte. Me
gustaría poder darte la oportunidad de mostrarte mi
poder.

YO SOY y sólo puedo actuar si tú me
reconoces dentro de ti, pero no pienses que estoy
solo, no, formo parte de UNO como YO, pero
infinitamente más grande, en el cual y por el cual
me muevo.

Palabras de fuego y lágrimas

Por favor, reúnete conmigo tan frecuentemente como puedas y deja que YO sea el consuelo que necesitas a cada instante. Muéstrame tus quejas y permite que sea YO el que ponga las palabras o los actos de ánimo. Llora en MÍ y seré YO quien sostenga el pañuelo que seque tus lágrimas. No lo dudes, ven, que ya hace tiempo que te espero. Tenemos una cita y el lugar es el SILENCIO, pero también, es la persona o grupo con quien tú te sientas acogido y donde tengas la libertad de expresar lo que te ocurre. Recuerda que allí también YO SOY. Te espero y te seguiré esperando por siempre con los brazos bien abiertos.

TE AMO

AMOR

Existe un viejo dicho en el mundo que expresa con toda claridad qué es el amor. Dice así: "Ama y haz lo que quieras"

Lejos de pensamientos de pecado y de culpabilidades de todo tipo se desata el lazo del amor.

Son realmente cuatro letras, pero encierran en sí mismas, colocadas en este orden, todo el poder del universo, todo el poder de Dios. Claro está que en otro orden no nos dicen absolutamente nada referente al sentimiento de amor, como por ejemplo roma, mora o ramo.

Amor es todo, implica todo, abarca todo: conciencia, servicio, libertad, belleza, armonía, pureza, fuerza, seguridad, comprensión y todos los sustantivos que queramos añadir y también responsabilidad.

Hasta ahora se nos ha dicho ama a los demás en lugar de a ti mismo, pero, ¿cómo podemos ofrecer algo de lo que carecemos? Por eso ahora decimos ámate primero a ti, que cuanto más te ames más capaz serás de amar a los demás. El problema estriba en que nos resulta muy, pero que muy difícil amar las partes de nosotros mismos que no están tan luminosas como otras, pero es a través de esas partes que nosotros más crecemos, más evolucionamos, en definitiva más nos acercamos a Dios.

Palabras de fuego y lágrimas

Necesitamos sentirnos queridos, amados y muchas veces confundimos amor con dependencia o posesión y hacemos las cosas para agradar a los demás y no nos damos cuenta que eso es una cadena que nos ahoga cada vez más.

La frase dice ama y haz lo que quieras, pero primero ama. Los kobdas también lo decían: "El amor es el mago divino que salva todos los abismos".

En fin, me resulta muy difícil agregar algo nuevo a este tema, del que constantemente se habla, se discute y se quiere encasillar o definir, pero que una y otra vez se escabulle de las jaulas de nuestras mentes, porque es algo que no se puede razonar, solamente se siente, que no es poco y en el nombre del cual se pueden realizar tanto las mayores atrocidades como las mayores proezas, teniendo en cuenta, claro está, el grado de "comprensión" mejor dicho de sentimiento del amor.

Resumiendo y volviendo al principio: ama y haz lo que quieras. Porque os amo quiero y deseo que el AMOR impere siempre en todos los corazones. YO SOY EL AMOR CONSTANTE LLENANDO TODOS LOS CORAZONES. YO SOY.

Palabras de fuego y lágrimas

CHISPA

Cuando el corazón palpita,

cuando la fuerza golpea,

la luz del sol te agita,

te envuelve y te menea,

cuando tu mente estalla

en pensamientos de amor,

tu corazón no calla,

no repara en dulzor,

cuando tus brazos te impulsan

a abrazar a tu hermano,

cuando los timbres se pulsan

en tu conciencia de humano,

cuando sientes la llamada,

hacia arriba sin saber,

cuando ves esa hada

acercarse a conocer.

NA-108/15

Palabras de fuego y lágrimas

Entonces corre, corre, corre,

ve, aguarda, silencia,

que tu velo se descorre

hacia la luz de la ciencia.

Siéntate y contempla

la unidad de todo el SER,

siéntate y observa,

complácete en ver.

Siéntete afortunado,

eres parte del PLAN,

siéntete agraciado

come del mejor PAN.

Estás en sintonía

con la fuente de la VIDA,

estás en armonía

con tu llama siempre viva.

Agradece esta oportunidad

que te brindan las estrellas

en la más perfecta unidad

de entre todas la más bella.

Palabras de fuego y lágrimas

Tu PADRE está llamando,

¿no oyes? Ve y abre

que ya está tocando

y se va haciendo tarde.

Mírale a la cara,

sorpréndete con su luz,

descúbrele sin vara

calmando tu inquietud.

Ofrécele quedarse siempre,

que no se vaya jamás,

que su PALABRA te siembre

y nunca más morirás.

Sólo tienes que sentir

esa pequeña chispita,

que tú ya sabes decir

donde bien ella habita.

Está en la unión

de dos partes de tu ser:

tu mente y tu corazón

que te llevan a crecer.

NA-108/15

SABIDURÍA

Mirad todos a Isis,

cómo descorre su velo,

que nadie entre en crisis

por preocupación o celo.

Mirad todos la cortina

que desvanece el humo blanco

mirad aquella encina

que sus ramas hacen manto.

Mirad la eterna DIOSA

desposada con la LUZ

gobernando imperiosa

en la más mutante quietud.

Mirad tras de su velo,

las reglas de su poder,

guardadlas con esmero,

cumplidlas con saber.

Palabras de fuego y lágrimas

La primera es conocer,

la segunda es osar,

la tercera es hacer

y la cuarta es bien callar.

Aceptad pues estos dones

que la SABIDURÍA os da,

no seáis comodones,

poneos en marcha ya.

Aplicad siempre estas bases,

observad los resultados,

no os quedéis ahí los ases,

lanzad lejos los dados.

la DIOSA hoy os ofrece

esta gran oportunidad,

creed que fortalece

el alma en inmensidad.

Palabras de fuego y lágrimas

SALVE REINA DEL CIELO

Miro de lleno tus ojos

abro grande el corazón

reina dulce sin penas ni enojos

irradia mi ser devoción

aguantando a veces los congojos.

Inunda mi ser del amor

sana mi cuerpo y mi alma

abre tus alas con calor

batiéndolas cuan suave palma,

expande fuerte tu candor

luz radiante que calma.

Reabre todos los corazones

excelsa Madre Divina

inúndalos con tus dones,

nunca los abandones

Amor que todo combina.

Desciende presto a la Tierra

emerge de las tinieblas

Luz que nunca se cierra.

© Copyright Pablo Rubio Canelada
NA-108/15

182

Palabras de fuego y lágrimas

Corazón siempre puro

Inmácula en tu concepción

empuña fuerte y duro

la espada de devoción

objetivo de la unión.

Mi corazón se ofrece

como se ofrece una flor

para ayudarte, parece

a cumplir con tu labor.

Cuenta con todo mi apoyo,

ojalá sea el de todos,

salta fuerte del hoyo,

así harás de todos modos.

El Padre te reclama,

no demores tu misión,

el Mesías te proclama,

reafirma tu convicción.

Palabras de fuego y lágrimas

Los hombres necesitamos

de tu entrega, de tu amor,

a Ti Señora llamamos,

llénanos de calor.

Pueda el poder de mi pecho

depositar en el tuyo una rosa

que te haga salir del lecho,

que se abra fuerte, hermosa.

La bendición de Dios es contigo,

el poder del amor lo confirma

déjame ser siempre tu amigo,

recoge dulce mi firma.

NA-108/15

Palabras de fuego y lágrimas

REY DE REYES

Miré de lleno tus ojos

abiertos a la inmensidad,

escuché suave tu voz,

sentí una enorme claridad y

temblé lleno de felicidad;

reconocí súbito tu corazón

obediente y fiel a la intuición.

Señor y dueño de este mundo,

amante hasta la saciedad,

nunca te quedas mudo

al proclamar la verdad,

ni aun teniendo en tu garganta un nudo;

donas todo a la humanidad,

Amor y amor para tu heredad.

Recibe mi corazón, mi alma y mi vida,

escucha mi voz que te llama, que te pide

y que siente que se le convida.

NA-108/15

Palabras de fuego y lágrimas

De la luz del gran sol central

entonas fuerte tu melodía.

Refulges como el sol en el cristal;

entre los hombres uno más,

yergues tu Ser entre seres

entusiasmando a los demás

sostienes firme tus menesteres.

Pon tu mano en mi frente,

ríe, salta y juega,

inyecta verdad en mi mente

niño grande con fe ciega;

corazón que recibe la luz,

inundado de lo más alto,

príncipe y rey a la vez

escucha fuerte mi canto.

Dulce mirada serena

embelesa todo mi ser,

Luz de luces amena

ayuda y ayuda sin parecer.

NA-108/15

Palabras de fuego y lágrimas

Poder del todo absoluto,

amor eterno también,

zambulles tu Ser impoluto

en toda expresión de bien.

Mi corazón estalló de júbilo

el día que te conocí,

allí, uno más entre el público

fue que te reconocí.

Hoy has cambiado mi vida,

ya no sé vivir sin Ti,

has sanado una herida

abierta desde que nací.

Y es que tengo ganas de reír,

de saltar y jugar contigo,

de sacar el niño que fui

con tu amor como mi amigo.

Bendigo haberte conocido,

bendigo el trabajo de la Luz,

mi Príncipe, mi Rey, mi Amigo,

mi Todo y mi Nada eres Tú.

EL ESPEJO

Me miré en el espejo. Y mirando y mirando, observé que la imagen que me devolvía era cada vez más luminosa. Era yo mismo, pero a la vez había algo que me iba sumergiendo más y más en mis propios ojos que salían del espejo. Me fui metiendo en ellos hasta que quedé completamente absorbido.

Mi di cuenta, entonces, de que ya no estaba delante del espejo, sino en el interior de él, manteniendo una especie de diálogo, sin palabras con mi otro yo.

No podía dar crédito a lo que estaba viviendo, yo encerrado en un espejo, hablando con otro yo, sin pronunciar palabra. El me leía las preguntas que había en mi cabeza y yo a su vez le leía las respuestas.

Había entrado, sin saberlo, en otra dimensión, donde las palabras ya no eran necesarias.

Yo me sentía nervios y aturdido, temeroso quizás de no poder volver a la dimensión física, pero él colocó sus manos sobre mis hombros y todos los temores se disiparon al momento. Me hacía sentir extremadamente bien. Mi respiración se normalizó, aunque mi corazón seguía latiendo con fuerza.

NA-108/15

Palabras de fuego y lágrimas

Me dijo que era yo mismo, un poco más crecidito, eso sí y que en ese instante sólo podía mostrarme un poco de la grandes del YO SOY.

Yo lo miraba incrédulo y sus ojos resplandecían, relampagueaban, brillaban y su sonrisa era tan cálida y tan sincera que un ligero escalofrío me recorrió por completo.

De repente su corazón se iluminó y por un momento pude sentir el calor más amoroso que había sentido nunca y corrí a su encuentro con lágrimas rodando por mis mejillas.

Nos fundimos en un profundo abrazo y de repente yo ya no existía. Era él, pero con las dos conciencias.

Todo mi entorno desapareció y tuve el sentimiento de estar viajando a gran velocidad.

Te voy a mostrar- dijo- lo grande que eres para Dios y lo pequeño que eres con relación al universo.

Sólo eres un pequeño átomo de luz dentro del universo, pero, eres grande a la vez, porque como los demás átomos como tú, sois capaces de atraer hacia vosotros partículas de luz, aparentemente apagadas y hacerlas resurgir para que crezcan y se desarrollen como lo estás haciendo tú. Gradualmente te vas encendiendo y llegará un día, no muy lejano, en el que no nos separaremos y seremos Uno.

Palabras de fuego y lágrimas

Esa es la grandeza que tienes para el Creador. Pero, no te desanimes al ver lo que te queda por recorrer, pues el camino se hace andando y para llegar al final hay que dar un primer paso.

En ese momento mi conciencia cambió y me vi rodeado por unos seres inmensamente bellos de los cuales emanaban haces de luces de diferentes colores e intensidades. Estos haces de luz formaban una especie de alas que parecían abarcarlo todo.

Me di cuenta, entonces, de que yo también era como ellos, que también tenía alas que refulgían intensamente y ante mi mirada mitad de extrañeza, mitad de asombro sentí como me decían:

¿De qué te asombras? Ahora ya sabes que eres uno de nosotros y que aquí tienes una morada, pero no pienses que es la única, hay muchísimas y más hermosas que ésta, pero por ahora, tendrás que conformarte con haber visto ésta.

Me sentía tan agusto en esa mi casa que al escuchar la voz de otro yo o de mi otra conciencia, de que ya había visto bastante de momento, un nudo cerró mi garganta y no pude hacer nada por evitar que gruesas lágrimas bañaran mi rostro. Sabía que debía volver, porque mi servicio aquí, todavía no está cumplido, pero se estaba tan bien allí, que por un momento vacilé.

Palabras de fuego y lágrimas

Cambió mi conciencia, otra vez y de nuevo me vi frente al espejo con la imagen luminosa de mí mismo sonriéndome y despidiéndose con un guiño y con un hasta pronto.

Frente a mí, sólo quedaba la imagen actual de mí mismo sonriendo. Agradecí a mi Padre la experiencia que me había hecho vivir y seguí con mis actividades diarias, recordando, eso sí, a cada instante, ese momento de felicidad que se me había permitido experimentar.

Desde entonces, traigo a mi mente y a mi corazón eses recuerdo cuando mi estado de ánimo decae un poquito y vuelvo a sentir aquel pedacito de felicidad que sentí en esa morada tan maravillosa que por el momento es mi casa.

Recuerda siempre que tú eres un ángel y que sólo necesitas creértelo para que sea un hecho constante y manifiesto.

CORAZÓN

Schss... escucha soy yo, tu corazón quien te habla. Sé que todavía te resulta muy difícil escucharme y atender mis indicaciones. No te preocupes todo llega. Necesitas más práctica, prestar un poquito más de atención. Reconóceme en cada experiencia de tu vida y sentirás que en cada una de ellas palpito de una manera diferente. Esa es mi forma de expresarme y de guiarte para que todo te resulte más fácil.

Siempre vas a encontrar un montón de estímulos exteriores que van a intentar distraer tu atención de lo que realmente importa, que es la unión con el todo, con Dios.

Cada vez que me haces caso se produce la magia dentro de ti. Se manifiesta dentro de tu aura una explosión maravillosa de colores que hace que para los demás tengas algo especial, algo que no saben explicar pero que les atrae irremisiblemente. Ojalá pudieras verte en ese momento. Ahí no hay dificultades, ni problemas, sólo hay belleza, armonía, paz.

Ese aura se va expandiendo cada vez que me haces caso y va atrayendo otras que al entrar en contacto con la tuya se van encendiendo en paz. Así es como se consigue la maestría que conduce humanidades. Claro que, hasta que no aprendas a reconocerme totalmente cometerás errores que harán que la siguiente vez prestes más atención. Así se aprende el discernimiento.

Palabras de fuego y lágrimas

Debes saber que yo te amo y que sólo deseo lo mejor para ti. Pertenezco al eterno latido que todo lo puede porque todo lo ama. Aunque no me prestes atención también debes saber que siempre he estado contigo, estoy y seguiré estando continuamente.

En el amor que nos une YO SOY.

EN ARAS DEL AMOR

¡Oh, amor infinito!

sublime ley que todo lo riges

amparas, proteges y eliges

mensajeros sin fama y delito.

¿Quién puede abrazarte

en toda tu inmensidad?

¿Quién puede alcanzarte

en toda tu claridad?

Eterno mago del cielo

salvador de cualquier abismo

eres fuerza, eres celo

rompiendo los mecanismos.

Dulce esposo de la sabiduría

con ella ejerces tu poder

dulce sabor de ambrosía

cadena que no se puede romper.

NA-108/15

Palabras de fuego y lágrimas

Para ti ni tiempo ni distancia

ni barrera a franquear

pues ni siquiera con mancia

se te puede bloquear.

Corazón eterno y puro

creador de mundos, sistemas y estrellas

tienes el poder, seguro

de recrearte en las más bellas.

Mi alma quiere tocarte

comprenderte en la eternidad

los velos poder quitarte

acoger tu luminosidad.

Dame tu luz soberana

para poder encontrarte

prende fuerte la llama

en mi corazón anhelante.

¡Oh, soberana y divina presencia!

construye fuerte mi templo

dame la verdad de tu ciencia

que no pueda destruir el tiempo.

NA-108/15

Palabras de fuego y lágrimas

¡Oh, gloriosa majestad!

en ti confío y en ti espero

concédeme potestad

para hacer bien lo que debo.

Gracias mi Padre querido

gracias por lo que me das

una cosa sólo te pido

llena esta tierra de paz.

NA-108/15

EL PODER DE LA PALABRA

Deja que las palabras fluyan

déjalas que del corazón broten

deja que las penas huyan

déjalas para que no te azoten.

Descubre la fuerza en tu garganta

que del fondo del pecho manda

una voz dulce que canta

melodía que a un solo son anda.

Bien conoces su poder

pues con él tú te reafirmas

también destruyes sin saber

que aun lo que rompes lo firmas.

Escúchate cuando hablas

sabe bien lo que dices

mide bien tus palabras

que al hacerlo te bendices.

NA-108/15

Palabras de fuego y lágrimas

No malgastes tu energía

en vocablos de odio o ira

pues de seguro que un día

te los traerá de nuevo la vida.

Que broten siempre de tus labios

sonidos de amor, paz y consuelo

que alejen de ti los agravios

y a los demás quiten el celo.

Recuerda que en el inicio

fue la palabra expresada

que con un fiat al principio

hizo que la luz fuera creada.

Maravíllate de una palabra bien dicha

siente la felicidad al pronunciarla

confirma en el otro la dicha

que ha sentido al escucharla.

NA-108/15

Palabras de fuego y lágrimas

IRRADIACION INTERIOR

Dicen de la amistad

que no conoce fronteras

dicen del corazón

que no siente las barreras.

Pues en el terreno de la Luz

que es Dios Fuerza y Amor

el alma vibra en plenitud

la Paz emana en su candor.

Así es pues de hermosa

la irradiación interior

grande, dulce y generosa

sin preocupación ulterior.

Un ser que así se muestra

enseguida se hace apreciar

haciéndose cosa nuestra

lo que así sabe expresar.

NA-108/15

Palabras de fuego y lágrimas

El corazón no sabe de edad

ni de posición o estatus social

sólo siente, vibra y ama

y no teme a ningún mal.

Así hoy mi alma agradece

la amplitud del corazón

así mi ser se enternece

ante la inmensidad de Dios.

Quizás las palabras sobren

pues lo que importa es lo que vive

y vida los corazones ponen

pues todo lo que se ama pervive.

Palabras de fuego y lágrimas

LA PUERTA

Amor eterno, amor sublime

amor que todo das pues nada temes

levanta un poco el vuelo y dime

¿en qué momento te detienes?

Si tu camino es la vida

y la vida no tiene fin

¿por qué es tu voz desoída

del uno al otro confín?

¿Acaso no salvas los abismos?

¿Acaso no todo lo puedes?

Atraviesa en nosotros los istmos

tú que todo lo mueves.

Permítenos comprenderte

aprender a conocerte

permítenos entenderte

para en el corazón encenderte.

Palabras de fuego y lágrimas

Deja que tu luz se muestre

en cada matiz de la vida

deja que así se demuestre

la verdad que hay contenida.

La rosada llama de tu luz

encuentra una luz aliada

que cual si fuera un alud

se precipita azulada.

Así te unes a la fuerza

y la armonía domina

así la paz se refuerza

en la hermosa llama trina.

Deja la luz tricolor

que se expanda y unifique

que arranque del mundo el dolor

y la felicidad multiplique.

Así el tres vuelve al uno

origen de toda vida

así no queda ninguno

sin conocer la salida.

Palabras de fuego y lágrimas

MI AMADA REINA

Muestra tu rostro señora

muestra tu luz soberana

muéstralo ya sin demora

que la humanidad así lo reclama.

Reaparece fulgor celestial

madre que todo enterneces

deja de nuevo el sitial

madre que todo mereces.

Que tu perfume envuelva la tierra

que todos sientan tu aroma de rosa

que se vea la luz que se encierra

bajo tu voz poderosa.

El mundo ansía tu regreso

mirar de nuevo tus ojos

ojos de miel cuan un beso

beso de abrir ya los ojos.

Palabras de fuego y lágrimas

Envuélvenos con tu manto
levántanos en las caídas
limpia el sudor y el espanto
aúpanos en las subidas.
Haz que el amor prevalezca
sobre toda la iniquidad
haz que la gente merezca
el llamado a la unidad.
En la tierra se te espera
dueña de los corazones
maestra dulce y entera
dama de todos los dones.
Eres reina, eres madre,
eres amiga y hermana
bendita vienes del Padre
para llevarle tu hosanna.
Bendita seas por siempre
rosa en mi corazón
guíame y que yo siembre
lo que es de tu condición.

LLAMA TRINA

Mi amadísimo Padre

déjame expresarte lo que mi corazón
siente

mira mi ser que se abre

y recoge tu simiente.

Decir que te amo

queda flojo en la expresión

mas el sentir es el amo

dueño y señor sin guion.

Quiero sentirte cada día

enseñándome la lección

quiero aprender por la vía

de la feliz y sabia intuición.

Amarte es amar la vida

pues toda te pertenece

amarte es darse sin medida

a cada ser que aparece.

NA-108/15

Palabras de fuego y lágrimas

Te amo porque me amo

porque mi cuerpo es tu templo

allí moras dulce amo

y cuando te muestras yo tiemblo.

Es tu luz poderosa

la que irradia mi persona

es tu paz asombrosa

la que mi ser entona.

En verdad soy yo tu vida

pues a ti te manifiesto

luz hermosa, luz querida

en todo momento te siento.

Ayúdame a expresarte

con mayor intensidad

para que así pueda darte

a toda la humanidad.

Arda tu llama dorada

por siempre en mi interior

llama trina, llama amada

expresión de todo mi amor.

NA-108/15

CAPÍTULO VIII:

IDIOMAS

NA-108/15

Palabras de fuego y lágrimas

COMMENT TE DIRE

Comment te dire,

comment t'expliquer

que je t'aime,

mais on ne peut pas le manifester.

Je suis tombé amoureux de toi

mais je ne sais pas toi.

je me souviens toujours de toi

et comment te dire ça.

J'ai besoin de tout crier

aux quatre vents

je dois te dire

tout ce que je sens.

Mais je dois taire,

je dois le garder

parce que peut-être

ai-je un peu peur.

J'ai peur d'être trahi

une autre fois aussi

mais il faut attendre

plus ou moins, tant pis

.

UN SOUVENIR DE TOI

J'aurais bien aimé

que tu m'aies dit:

"pourrai-je t'oublier

sans à peine souffrir?"

Mais toi, tu ne disais rien

et je croyais mourir,

quand je voyais tes yeux aux miens

en les voyant sourire.

Aujourd'hui j'aimerais te revoir,

avec joie je te sourirais,

écouter de ta voix

des paroles enchantées.

Mais c'est moi qui ne t'oublie pas

car je pense souvent à toi,

c'est moi qui suit te pas

et toi, tu t'es oubliée de moi.

C'est enfin, un triste souvenir,

un souvenir qui aurait pu être réel

si tu l'avais consenti.

NA-108/15

<u>FOR A GIRL</u>

For you, pretty girl
this poem has been written
the best in the world
that fate has ridden.
You, girl, must be mine
if you want, naturally
if is not at nine
you'll be in the futurly.
If you tell me no
I will be sad
because you must know
for you I am mad.
I expect your yes
I need it too
I will be hopeless
if we're not our two.
I don't know your name
but it's not important
for me it's the same
you are the most important.

Palabras de fuego y lágrimas

I want to live with you
to be completely happy
I'll wait for you
and we'll be lucky.

Palabras de fuego y lágrimas

LARMES AUX YEUX

J'ai vu un ami pleurer,

cela m'a fait du souci,

les larmes des yeux tombaient

mon âme tombait aussi.

Il est fort comme un lion,

gentil comme il le faut,

ne voulant être un pion

il a su dire non.

Ses larmes ont touché mon coeur

ses cheveux de blé doré

m'ont fait sentir que je meurs.

La gorge a été nouée,

la peine m'a envahi,

l'haleine m'a étouffé;

ma tristesse autour de lui.

Je ne peux supporter

voir un ami pleurer,

si je peux le soulager

sûr, je le ferai.

CAPÍTULO IX: MISCELÁNEA

RAREZAS

Angustia y sufrimiento,

deseo y padecimiento

pasados y por pasar,

quién sabe qué quedará.

Vida de fracaso,

nadie te hace caso,

de tu vida

la gente se olvida.

Vive para ti

y a la vez no así,

piensa en los demás,

siempre hay algo más.

De ti dependes

casi totalmente,

aunque siempre hay alguien

que te quiere y te defiende.

Lo más precioso el amor,

lo más hermoso la amistad,

para lo uno pasión,

para lo otro hermandad.

SUERTE

Es mejor olvidar
las tristezas escondidas,
es mejor evocar
las alegrías huidas.
Si te falla la vida
no te lo tomes a mal,
solo sonríe y olvida.
Ya llegará la suerte
el día menos pensado,
ya llegará el amor
y te habrá tocado.
Es como la lotería
que al destino desafía,
hay quien nace con ella
y hay quien desconfía.
Lo mejor es vivir,
pobre y qué más da,
pero con amor
que eso es lo mejor.

NA-108/15

OPTIMISMO

Contando sin contar,

queriendo sin querer

el optimismo vuelve a nacer.

En mí desapareció,

en un tiempo me olvidó

y ahora con claridad

vuelve a florear.

Para qué las depresiones,

para qué las condiciones,

olvídate de todo,

guarda eso en los cajones.

Todo tiene el lado bueno,

todo tiene el lado malo,

en casi todo hay absurdo,

casi todo es humano.

Cuando estés triste

no desueles, no deprimas,

mírate a ti mismo

y sobre eso opina.

Verás como decides

que no tiene importancia

y no te oprimes.

Palabras de fuego y lágrimas

POR QUÉ

¿Por qué no se acepta al ser
por qué no tal y cómo es?
Siempre te piden cambiar
y si no te lo piden
te lo han de insinuar.
Hoy muchos amigos tengo
que me quieren como soy,
pero ya hasta mis hermanos
mi camino han de marcar,
cuidado: hay que espabilar.
No hay que hacerse ingenuo,
sí perverso y malvado,
cuanto más mejor
de cara al amor.
Yo no puedo más que con osadía
establecer una pequeña picardía,
abrirme un poco más
nunca con demasía.

Palabras de fuego y lágrimas

CONDENA

Dejen ya de matar,
déjenlo por favor,
paren de asesinar,
vivir es lo mejor.
Basta ya de violencia,
basta de asesinatos,
que la vida es ciencia
y también da buenos ratos.
¿Por qué matar gente
si todos somos iguales?,
todos somos conscientes,
rechacemos estos males.
¿Quién tiene derecho
a una persona matar?,
¿quién se cree hecho
para vida alguna juzgar?
Si piensa que hace bien
el que a alguien extermina,
él puede ser quien
al que un día se elimina.

PAZ

Quemen todas las armas,
que no quede ninguna,
que no suenen las alarmas
por causa de guerra alguna.
A la guerra pongan fin,
que terminen los conflictos,
la paz hace tilín,
no queremos ser convictos.
La guerra causa lamentos,
es fruto del egoísmo,
es camino de tormentos,
es senda de pesimismo.
Su meta es la muerte,
su medio la violencia,
su principio la suerte,
su final la paciencia.
Yo la paz proclamo
a todo el mundo entero,
que por naturaleza amo
y a ella yo venero.

NA-108/15

Palabras de fuego y lágrimas

POESIA

Tu nombre refleja luz,
tu nombre inspira belleza,
tu nombre infunde quietud,
es un nombre de cabeza.
Se te da definición,
yo no sabría acertar,
se aprovecha la ocasión
para poderte evocar.
Eres sensibilidad,
eres fuerza y entereza,
eres amabilidad,
eres entrega y fiereza.
Perteneces a todos
y a nadie en especial,
eres de todos modos
un gran factor esencial.
Mucha gente se te ríe
a la cara sin motivo,
otra mucha te sonríe
pues demuestras estar vivo.

QUIETUD

Quiebra mi alma,

llora mi sueño,

sufre mi calma,

ahoga a su dueño.

Certeza de inquietud,

pasmo de angustia,

firmeza de quietud,

flor caída y mustia.

Llanto de fuego,

ardor de pasión,

prisa de luego,

color de ocasión.

Veneno en el vaso,

beber de olvidar,

luz en el caso

de volverte a mirar.

Ingenio de miedo,

temor de mirar,

absorto me quedo

en el tonto pensar.

NA-108/15

LUNA

Luna que luces triste,

en una noche estrellada,

de una estrella recibiste

el color de tu mirada.

Ladrona del colorido,

señora de la noche,

amante del sol hundido,

de sus rayos haz derroche.

Influencias en la vida,

en el mar y en las personas,

de ti depende en medida

la marea que ocasionas.

De tu mirada irradia,

cuando estás en plenitud,

una imagen de magia

de eterna juventud.

Influyes en el carácter,

en el amor intimidas,

eres alma máter,

a la mujer le das vidas.

NA-108/15

GUERRA INÚTIL

Todos vimos hace años
como en medio del desierto
la gente haciéndose daño
aumentaban más los muertos.
Hoy otra guerra se produce
entre dos pueblos hermanos,
otra guerra que induce
a matar a los humanos.
Una guerra en los Balcanes,
odio y dolor en el pueblo,
que contempla que en sus planes
no hay esperanza de luego.
Una guerra como todas,
que no sirve para nada,
una guerra sin demoras,
a las bombas enganchada.
Entre serbios y croatas
es la dura y triste contienda
que ni aun siendo de ratas
es para que se entienda.

NA-108/15

Palabras de fuego y lágrimas

¡Qué paren ya de matarse!

¡Qué dejen de disparar!

¡Qué intenten abrazarse!

¡Qué comiencen a charlar!

¡Paren esa guerra inútil!

¡Impere la cordialidad!

¡Reine la palabra útil!

¡Descubran la amistad!

El diálogo es la solución

a todos nuestros problemas,

sin él la incorrección

es la que llama a las puertas.

En la paz hay confianza,

en los hombres el lograrla,

abriguen pues la esperanza

de llegar a realizarla.

La esperanza de un mañana

sin rifles, armas o bombas,

de una existencia humana

no arrebatada temprana.

El hombre debe aprender

a tratarse en armonía,

sabiendo que hay que ceder

en alguna tontería.

Palabras de fuego y lágrimas

Es absurdo aniquilarse
por un pedazo de tierra,
sí que es bello interesarse
porque cada día sea bella.
El amor entre los hombres
es lo que debe imperar,
que es hermoso que ese nombre
pueda llegar a reinar.
Por tanto y con esmero
un consejo quiero dar
y con él también espero
que dejen ya de matar.

Epílogo

Bueno, has llegado hasta el final del libro.

Como habrás podido observar en los distintos capítulos se muestra mi evolución en la forma de expresión, ya que en cada capítulo he puesto los poemas por orden cronológico.

Con este libro te llevas un pedacito de mi alma, un pedacito de crecimiento personal en mi propia evolución que espero te haya podido servir de algo.

Ahora me conoces un poco más y si puedo servirte de ayuda en algo que puedas necesitar o simplemente quieres ponerte en contacto conmigo te dejo aquí debajo mi correo electrónico para que, si te apetece, me dejes tu comentario de lo que te ha parecido el libro. Un abrazo y muchas gracias.

Pablo Rubio Canelada, email: pblrubio@hotmail.es.

Palabras de fuego y lágrimas